Super Visual

すぐに使える イタリア語会話

Language Research Associates 編

石垣玲子
Matteo Schenone（伊文校閲・吹込）
Francesca Margiotta（吹込）
勝田直樹（吹込）

はじめに

　海外旅行をする時、「現地の人と、片言でもいいからその国の言葉で話せたらいいな」と思うことはありませんか？
それができれば旅の楽しみも倍増しますよね。ちょっと言葉を交わしたことがきっかけで、友情が芽生えたり、観光客が行かないようなスポットを案内してもらえたり、また通り一遍の旅行では得られない経験ができたり、非常事態に出合ってもすんなり解決できたり…。

　片言でもいいから、短時間で話せるようになる方法はないでしょうか。そんな願いに応えるべく開発されたのがこの本です。この本の最大のポイントは、イタリア語と日本語の構造をビジュアル的に対比することによって、教科書を丸暗記するようにではなく、文の構造の輪郭がわかった上で会話の練習ができることです。今までとは違った、すばらしい学習効果が期待されること間違いなしです。

　今までの学習法では、文の構造を理解するために、まず文法による解説から入らなければなりませんでした。しかし、はじめて外国語を学習する時は、文法と聞いただけで拒絶反応を起こす方もたくさんいるでしょう。でもこのスーパー・ビジュアル法なら、細かいことは取り敢えず横に置いておいて、基本的な言葉の枠組みを知ることができるのです。イタリア語と日本語はこんな風に違っているのだ、ということがわかれば、後は構文と単語を体に覚えさせればいいわけです。

　本書がイタリア語を少しでも速くものにしたいと思う多くの方々の、お役にたてれば幸いです。

「スーパー・ビジュアル」って、何？

あなたは、トンパ文字を知っていますか。

トンパ文字とは、中国の雲南省に住むナシ族の人たちが、今から1000年ぐらい前の宋の時代から、経典として書き留めてきたもので、祈祷や厄除け安全、葬式などに引き継がれてきました。現在では一般には使われていませんが、それでも観光土産物などとして売られているそうです。かわいらしくて、なにかぬくもりがあって、デザイン的にも楽しいトンパ文字とは、どんな言語なのでしょうか。

これを日本語に訳すと…、

私はご飯を食べたい

…となります。と、いわれても、これでだけではチンプンカンプンですよね。

しかし、これを次のように整理して、視覚的に配列するとどうでしょう。

```
   (1)     (2)     (3)    (4)
  私は  ＋ ご飯を ＋ 食べ ＋ たい
```

```
   (1)     (2)     (3)    (4)
   大  ＋  壺  ＋  大  ＋  葉
```

こうすると、なんとなく「🚶=私は」、「🍲=ご飯」、「🚶=食べる」「🌿=したい」を意味しているらしいことがわかります。

そこで、これをもう少し発展させて、次のようにします。

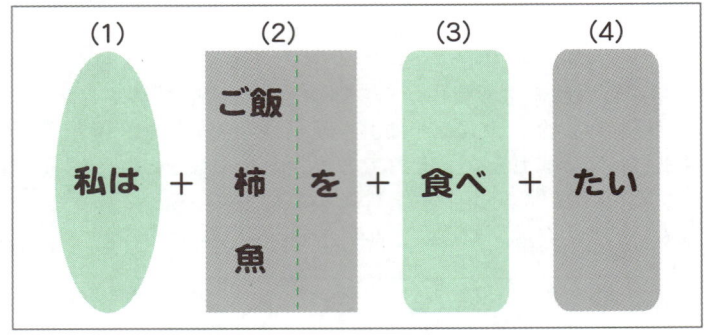

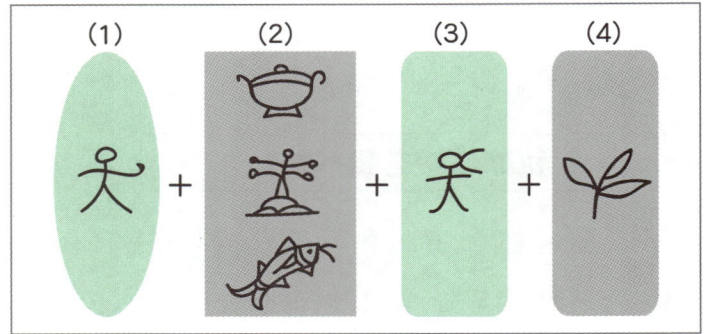

こうしてみると、トンパ語には(1)＋(2)＋(3)＋(4)という基本構造があって、その構造は英語や中国語と違って日本語と似ていることがわかります。次に、(2)の位置の言葉を入れ替えることによって、「私はご飯を食べたい」「私は柿を食べたい」「私は魚を食べたい」という3つの文が成り立っていることもわかります。そこで、(2)に入れる言葉をこの他にももっと増やせば、この表現は単語の数だけ広がっていくというわけです。

このように日本語と外国語を、文の構造を対比させて図解し、外国語の構造を理解するのが**「スーパー・ビジュアル法」**です。

この方法だとややこしい文法の説明がなくても、何となく見ているだけで、この言葉はこうなっているのかとわかります。文章の内部構造をＣＴスキャンのモニターで見て、仕組みがわかるような感じです。

　言葉の仕組みがわかった上で学習するのと、そうでないのとでは、その学習効果に天と地ほどの差が出てきます。例えば敵陣地を攻略する時、前もって飛行機などで偵察し、敵地の状況を知っていた方が有利でしょう。言葉を覚える時も一緒で、文の構造を把握していれば伸び方が違うのです。

　言葉の仕組みがわかれば、あとはそれに肉付けをするだけ、ひたすら努力あるのみです。付属のＣＤを繰り返し聞いて、声を出して、体に覚え込ませるしか方法はありません。でも、赤ん坊が何年もかかって言葉を覚えることを思うと、私たちは短期間で効率よく覚えようとするわけですから、ある程度の努力はしょうがないですよね。

本書の構成と学習法

Part 1: 最初の最初、必須表現 45

　この 45 の必須表現は、旅の最重要表現のエッセンス中のエッセンスです。これだけでも知っているのと、そうでないのとでは、旅の楽しみ方は非常に違ってきます。

　ほとんどが「決まり文句」ですから、すらすら口から出てくるようになるまで練習してください。

Part 2: すぐに使える重要表現 85 と基本単語 1000

　ここでは、海外での旅行・生活で重要となる表現 85 と、その表現に関連した基本単語約 1,000 語を収録しています。

　一つの重要表現を 1 ユニットとして、2 ページ見開きで、イタリア語の構造が日本語との対比で視覚的にわかるようにレイアウトされています（**スーパー・ビジュアル法**）。

【学習法】
1：まずイタリア語の構造を、日本語との対比で理解しましょう。
2：イタリア語の構文を理解したら、テキストを見ながら、イタリア語の語句の入れ替え練習をしてみましょう。CDを聞き、声を出して練習してください。日本語を見ただけで、イタリア語がすらすら出てくるようになるまで練習しましょう。
3：語句は、料理でいえば材料です。材料がなければ、料理はできませんから、「語句を覚えよう！」でしっかり語句の練習もしましょう。根気よく覚えるのがコツです。
4：「mini 会話」は、各 UNIT で習った表現が、実際に使われる場面を想定した会話例です。会話の流れも一緒に練習しましょう。
5：「point」では、日本とイタリアの文化的な違いなどのコラムを織り交ぜて、表現上の注意などについて解説しています。

Part 3: とっさの時に役立つ単語集 2800

イタリアに行って、「これ、イタリア語で何て言うのかな」と思った時などに、アイウエオ順で引ける便利な単語集です。旅のお供にどうぞ。

●CDの録音内容

Part 1 では、左ページの和文とそのイタリア語部分が、
Part 2 では、右ページの5つのイタリア語文の入れ替え練習と、
　　　　　「mini 会話」が収録されています。

CDの録音時間：70分00秒

目 次

はじめに -- 2

「スーパー・ビジュアル」って、何？ ------------------------------ 3

本書の構成と学習法 -- 5

目次 -- 7

Part 1　最初の最初、必須表現 45 ------------------------------ 11

UNIT 1	イタリア語の基本	12
UNIT 2	挨拶	16
UNIT 3	初対面の挨拶	18
UNIT 4	紹介と別れ	20
UNIT 5	重要表現（1）	22
UNIT 6	重要表現（2）	24
UNIT 7	重要表現（3）	26
UNIT 8	買物の時の表現	28
UNIT 9	大変だ！（緊急時の表現）	30
UNIT 10	数字を使った表現	32
UNIT 11	数字を覚えよう	34

Part 2　すぐに使える重要表現 85 と基本単語 1000 --------- 37

UNIT 12	私は～です／ではありません。	38
UNIT 13	あなたは～ですか。	40
UNIT 14	こちらは～です。	42
UNIT 15	私／私たちは～から来ました。	44
UNIT 16	これ／あれは～ですか。	46

UNIT 17	私は〜を持っています／持っていません。	48
UNIT 18	これ／あれは〜です／ではありません。	50
UNIT 19	この辺に〜はありますか。	52
UNIT 20	〜はありますか。	54
UNIT 21	私は〜します。	56
UNIT 22	あなたは〜をしますか／しましたか。	58
UNIT 23	私は〜をしません。	60
UNIT 24	〜が欲しいのですが／欲しい。	62
UNIT 25	〜をしたいのですが。	64
UNIT 26	〜して欲しいです。	66
UNIT 27	〜に行きたい／行きたくない。	68
UNIT 28	〜で行きたい／行きたくない。	70
UNIT 29	この〜は〜行きですか。	72
UNIT 30	〜はいくらですか。	74
UNIT 31	まけてくれませんか。	76
UNIT 32	何時に／いつ〜しましょうか。	78
UNIT 33	〜はどこですか。	80
UNIT 34	〜は何人ですか。	82
UNIT 35	〜は何歳ですか。	84
UNIT 36	なぜ〜ですか。	86
UNIT 37	どのくらい〜ですか。	88
UNIT 38	どのくらい（時間が）かかりますか。	90
UNIT 39	〜は何ですか。	92
UNIT 40	どちらが〜ですか。	94
UNIT 41	どんな種類の〜が好きですか。	96
UNIT 42	〜はいかがですか／いかがでしたか。	98
UNIT 43	〜してくれませんか。	100
UNIT 44	私は〜しなければなりません。	102

UNIT 45	〜を教えてください。	104
UNIT 46	〜しましょう。	106
UNIT 47	どうやって〜するのですか。	108
UNIT 48	どうぞ〜してください。	110
UNIT 49	〜で降ります。	112
UNIT 50	私は〜を探しています。	114
UNIT 51	〜は好きですか。	116
UNIT 52	私は〜が好きです／嫌いです。	118
UNIT 53	〜を見せてください。	120
UNIT 54	〜を見せていただけますか。	122
UNIT 55	〜ができますか。	124
UNIT 56	私は〜ができます／できません。	126
UNIT 57	〜していいですか。	128
UNIT 58	〜しないでください。	130
UNIT 59	〜をお願いします。	132
UNIT 60	〜したいですか。	134
UNIT 61	私は〜です。	136
UNIT 62	あなたは〜ですね。	138
UNIT 63	彼／彼女は〜です。	140
UNIT 64	(あなたは) 〜ですか。	142
UNIT 65	(天気が) 〜ですね。	144
UNIT 66	〜(な天気)になりそうですね。	146
UNIT 67	〜すぎます。	148
UNIT 68	(味が) 〜ですね。	150
UNIT 69	すてきな〜ですね。	152
UNIT 70	〜するつもりです。	154
UNIT 71	(私は) 〜がする／痛い。	156
UNIT 72	私は〜をなくしました。	158

UNIT 73	〜が動きません。	160
UNIT 74	〜をありがとうございます。	162
UNIT 75	〜してすみません。	164
UNIT 76	すみません、〜ですか。	166
UNIT 77	〜によろしく。	168
UNIT 78	どうぞ〜してください。	170
UNIT 79	〜が上手ですね。	172
UNIT 80	〜に感動しました。	174
UNIT 81	〜に驚きました。	176
UNIT 82	〜を嬉しく思います。	178
UNIT 83	〜は楽しかったですか。	180
UNIT 84	〜は初めてですか。	182
UNIT 85	こんな…を〜したことがない。	184
UNIT 86	〜に興味があります／ありません。	186
UNIT 87	きっと〜だと思う。	188
UNIT 88	〜をどう思いますか。	190
UNIT 89	〜することを期待しております。	192
UNIT 90	イタリア語でどのように〜するのですか。	194
UNIT 91	〜はどういう意味ですか。	196
UNIT 92	〜したことがありますか。	198
UNIT 93	〜したことがあります。	200
UNIT 94	私は〜したことがありません。	202
UNIT 95	〜をご存知ですか。	204
UNIT 96	〜を助言してくださいませんか。	206

Part 3　とっさの時に役立つ単語集 2800 ----- 209

Part 1

最初の最初、必須表現 45

UNIT 1
CD-1

■ これだけは覚えておこう
イタリア語の基本

イタリア語の読み方

イタリア語はローマ字読みで通じる部分が多い、日本人の口と耳には大変なじみやすい言葉です。でもいくつか、下記のようにローマ字読みと違う読み方をするものがあります。

注意が必要な読み方

ca	chi	cu	che	co	ghi	ghe	
カ	キ	ク	ケ	コ	ギ	ゲ	
scia	sci	sciu	sce	scio	\multicolumn{2}{l}{si はスィと読みます。}	
シャ	シ	シュ	シェ	ショ			
gia	gi	giu	ge	gio	gli	日本語にない音です。ギという口の構えでリを言います。この本ではリと表記しました。	
ジャ	ジ	ジュ	ジェ	ジョ	リ		
cia	ci	ciu	ce	cio	\multicolumn{2}{l}{ti はティと読みます。}	
チャ	チ	チュ	チェ	チョ			
gna	gni	gnu	gne	gno	\multicolumn{2}{l}{ni は gni とは違う音ですが、ニで通じます。}	
ニャ	ニ	ニュ	ニェ	ニョ			
ra	ri	ru	re	ro	\multicolumn{2}{l}{→巻き舌です。できなければ日本語のラ行を強く発音してください。}	
ラ	リ	ル	レ	ロ			
za	zi	zu	ze	zo	\multicolumn{2}{l}{→2通りあります。その都度覚えてください。}	
ツァ/ザ	ツィ/ズィ	ツ/ズ	ツェ/ゼ	ツォ/ゾ			

h は発音せず母音だけ読みます。
例) hotel (オテル)「ホテル」、hostess (オステス)「スチュワーデス」

アクセントについて

イタリア語は一般的に後ろから2番目の母音にアクセントがあり、その音を伸ばします。この本では太字で表します。前後によっては伸ばさないこともあります。CDをよく聴いて慣れてください。
   例) **Mi**lano   **Ro**ma   al**ber**go「ホテル」
         ミラーノ   ローマ   アルベルゴ

また、後ろから3番目にアクセントが落ちる語も多くあります。
   例) **Na**poli   **ta**vola「テーブル」
         ナーポリ   ターヴォラ

◆この本では強く読む部分を太字で、巻き舌で読むところを小さな字で示しています。

イタリア語の文法

1．動詞について

イタリア語は動詞の変化形が多い言語です。英語では「3単現のS」といいますが、イタリア語ではすべての人称が変化します。規則的な動詞の活用の例を見てみましょう。

cantare（歌う）の活用（主語＋動詞）

主語＋動詞の活用形	主語＋動詞の活用形
io（私）　canto　カント	noi（私たち）　cantiamo　カンティアーモ
tu（君）　canti　カンティ	voi（君たち）　cantate　カンターテ
lui（彼）／lei（彼女）／Lei（あなた）　canta　カンタ	loro（彼ら／彼女たち）／Loro（あなた方）　cantano　カンタノ

これを全部覚える必要はありません。とりあえず必要なのは io（私）、noi（私たち）、Lei（あなた）の3つの活用形でしょう。一番上の cantare は不定形といって、辞書の見出しに出ている形です。英語でいう動詞の原形にあたります。

◆この本では、例文中では主語にあわせた変化形で出ていますが、「語句を覚えよう！」の欄では基本的に不定形になっています。

あとふたつ、重要な動詞があります。それは英語の have にあたる avere（アヴェーレ）と、be にあたる essere（エッセレ）です。以下のように不規則に変化します。

avere の活用

io	ho　オ	noi	abbiamo　アッビアーモ
tu	hai　アイ	voi	avete　アヴェーテ
lui/lei/Lei	ha　ア	loro/Loro	hanno　アンノ

essere の活用

io	sono　ソノ	noi	siamo　スィアーモ
tu	sei　セイ	voi	siete　スィエーテ
lui/lei/Lei	è　エ	loro/Loro	sono　ソノ

全部を今すぐ覚える必要はありません。極端な話、変化形を思い出せなければ主語をつけて io avere と言ってもいいのです。イタリア人だって子供の時は間違えながら覚えたのですから。

2．疑問文・否定文のつくり方
疑問文は、文の最後に"？"をつけるだけです。

例）Lei è italiano. → Lei è italiano? 「あなたはイタリア人ですか」

実際に話すのを聞いていると、終わりの方が調子が高くなることもありますが、あまり変わらずに、尋ねられているのがわからないこともあります。話す時には思い切って文末を上げると、相手にはわかりやすいですね。否定文は、動詞の前に non をつけます。

例）Sono studente. → Non sono studente.「私は学生ではありません」

3．名詞・冠詞・形容詞の性数一致について
● **名詞**　名詞には男性名詞と女性名詞があります。一般的に、語尾が -o で終わると男性名詞（例：libro「本」）、-a で終わると女性名詞（例：camera「部屋」）です。ただし mano「手」のように、女性名詞なのに -o で終わる語のような例外もあります。-e で終わるものは両方あるのでその都度覚えましょう（例：giornale「新聞」◘、chiave「鍵」◘）。

◆この本では男性名詞は ◘、女性名詞は ◘ のマークで示しています。

人を表す名詞は、人としての性がそのまま名詞としての性になります。
例）padre「父」◘　　　madre「母」◘

職業・国籍を表す語には男性形と女性形があります。
例）cameriere「ウェイター」◘　　cameriera「ウェイトレス」◘
　　studente「男子学生」◘　　studentessa「女子学生」◘
　　attore「男優」◘　　attrice「女優」◘
　　italiano「イタリア人男性」◘　　italiana「イタリア人女性」◘

◆この本では名詞、形容詞の男女形による語尾の変化は緑字で示しています。

ただし、以下のような男女同形のものもあります。
例）insegnante「教師」　interprete「通訳」　giapponese「日本人」

名詞が複数形になると、英語ならsがつきますが、イタリア語では語末の母音が変わります。

	単数形→複数形	単数形→複数形
-o → -i	libro → libri	piatto → piatti
-a → -e	camera → camere	rivista → riviste
-e → -i	giornale → giornali	chiave → chiavi

●**冠詞** 不定冠詞は、つける名詞の性・最初の音によって形が変わります。

	子音で始まる名詞	母音で始まる名詞	zかs+子音で始まる男性名詞
男性名詞	un libro	un attore	uno zaino
女性名詞	una camera	un'attrice	—

定冠詞も名詞にあわせて変化します。

	男性名詞			女性名詞	
	子音の前	zかs+子音で始まる名詞	母音の前	子音の前	母音の前
単数	il libro	lo zaino	l'attore	la camera	l'attrice
複数	i libri	gli zaini	gli attori	le camere	le attrici

●**形容詞** 形容詞も名詞と同じように、つける名詞の性・数によって語尾が変化します。

	単数	複数
-o → -i	il libro nuovo「新しい本」 →	i libri nuovi
	il giapponese alto「背の高い日本人男性」→	i giapponesi alti
-a → -e	la camera comoda「気持ちのよい部屋」→	le camere comode
	la giapponese alta「背の高い日本人女性」→	le giapponesi alte
-e → -i	il libro interessante「おもしろい本」→	i libri interessanti
	la camera grande「大きな部屋」→	le camere grandi

大変そうですか？　でもすべて完璧に覚える必要はありません。間違っても通じるので、最初は気負わないで話してみることが大切です。

UNIT 2 挨拶

こんにちは。	**Ciao.**	チャオ
おはようございます。	**Buon giorno.**	ブオン ジョルノ
お元気ですか。	**Come sta?**	コメ スタ
お陰様で、元気です。	**Bene, grazie.**	ベーネ グラーツィエ
さようなら。	**ArrivederLa.**	アルリヴェデルラ

▶ 最も知られたイタリア語といっていいでしょう。初対面の人にはくだけすぎの感もありますが、イタリアでこの言葉を口にしてみれば、気分はすっかりイタリア人。朝から晩までいつでも使えます。

▶ 実際には"ボン ジョルノ"と聞こえます。朝から昼食後くらいまで使うので、「こんにちは」にも使います。夕方からは Buona sera.(ブオナ セーラ)「こんばんは」と言います。

▶ Buon giorno. の後には必ずといっていいほどこの言葉が続きます。Ciao. で会話を始めた時は、くだけた言い方の Come stai? (コメ スタイ) の方がいいでしょう。

▶ 「元気です。ありがとう」という返事です。Non c'è male.(ノン チェ マーレ)「まあまあです」もよく使われる返事です。自分のことを答えたら今度は E Lei? (エ レイ)「それで、あなたは?」と聞き返します。

▶ ちょっと巻き舌が難しいかもしれませんが、にっこり笑って言ってみましょう。「また会う時まで」がもとの意味です。会った時に ciao と言う間柄なら、別れの時は Ciao. や Arrivederci.(アルリヴェデルチ)を使います。

17

UNIT 3 初対面の挨拶

お名前は？	**Come si chiama?** コメ スィ キアーマ
私はあきこです。	**Mi chiamo Akiko.** ミ キアーモ アキコ
すみません、何ですか？	**Come, scusi?** コメ スクーズィ
どうぞよろしく。	**Piacere.** ピアチェーレ
こちらこそ、よろしく。	**Piacere mio.** ピアチェーレ ミオ

◆ ☐ の名詞は場面に応じて入れ換えましょう。

▶ 「あなたは自分をどう呼びますか」がそもそもの意味。親しい人や子どもが相手なら Come ti chiami?（コメ ティ キアーミ）と尋ねます。

▶ 日本人の名前に不慣れな人だと È il nome o il cognome?（エ イル ノーメ オ イル コニョーメ）「それは名前、それとも姓ですか」と聞かれます。nome は下の名前、cognome は姓です。

▶ 相手の名前が聞き取れなかったら、こう言って聞き返します。わからなくて聞き返すのは失礼ではありません。自分が聞かれた時は、ゆっくり言ってあげましょう。

▶ 「(あなたと知り合えたのが) 喜びです」という意味です。正確に「よろしく」という言い方はイタリア語にはありません。積極的な言い方がいかにもイタリア語らしい表現です。

▶ 「私こそ嬉しいです」という意味です。Piacere. だけでも返事になります。言葉を交わしながら握手をしますが、気のない挨拶に見えないよう、力をこめて握り返しましょう。

UNIT 4　紹介と別れ

|妻|を紹介します。　**Le presento mia moglie.**
レ　プレゼント　ミア　モッリエ

お目にかかれて嬉しいです。　**Molto lieto/ta.**
モルト　リエート/タ

また会いましょう。　**Ci vediamo.**
チ　ヴェディアーモ

|息子さん|によろしく。　**Mi saluti Suo figlio.**
ミ　サルーティ　スオ　フィッリオ

楽しいご旅行を！　**Buon viaggio.**
ブオン　ヴィアッジョ

▶ 相手が親しい人なら Ti presento ~.（ティ プレゼント）と言います。人を紹介する時は身内を他人に、男性を女性に、が先です。

▶ 「大変嬉しいです」という意味。丁寧に言うと Sono molto lieto/ta di conoscerLa.（ソノ モルト リエート ディ コノシェルラ）「お知り合いになれて大変嬉しいです」となります。

▶ 「明日」と言いたければ domani（ドマーニ）、「後で」なら dopo（ドーポ）、「そのうち」なら presto（プレスト）と後につけます。

▶ 「～さんによろしく」と言われたら、Grazie.（グラーツィエ）とお礼を言って、Presenterò.（プレゼンテロ）「伝えます」と答えます。

▶ viaggio の代わりに何でも入れられる、便利でよく耳にする言い方です。「よいお食事を」なら pranzo（プランツォ）、「ゆっくり休んで」なら riposo（リポーゾ）に変えます。返事としてお礼を言うのを忘れずに。

UNIT 5 重要表現（1）
CD-5

ありがとう。	**Grazie.** グラーツィエ
どういたしまして。	**Prego.** プレーゴ
コーヒーをお願いします。	**Caffè, per favore.** カッ**フェ** ペル ファ**ヴォ**ーレ
ちょっとすみませんが。	**Scusi.** ス**クー**ズィ
大丈夫です。	**Va bene.** ヴァ ベーネ

▶ Ciao. と並んでよく知られたイタリア語ですね。もっと感謝する気持ちを表したかったら mille（**ミッレ**）「千回」とか、tante（**タンテ**）「たくさん」をつけます。

▶ 簡単ですが、いろいろな場面で活躍する言葉です。「ごめんなさい」と謝られた時にも「大丈夫です」の意味で使われます。Di niente.（ディ **ニエン**テ）「何でもありません」も同じように用います。

▶ Caffè. だけでも通じますが、per favore と一言つけると丁寧です。caffè はもちろん、苦くて量の少ない espresso のことです。お砂糖を入れてどうぞ。

▶ 「許してください」がもとの意味。人に何か尋ねる時など、このように話しかけます。Mi（ミ）scusi. とも言います。Senta.（**セン**タ）「聞いてください」も同じ意味です。

▶ 漠然とした「調子」も、体調でも、物の具合でも、ＯＫの時はとにかくこう言います。便利でよく使う言葉なので覚えておきましょう。

UNIT 6
重要表現（2）

日本語	イタリア語
はい。（肯定）	**Sì.** スィ
いいえ。（否定）	**No.** ノ
知りません。	**Non lo so.** ノン ロ ソ
わかりました。	**Ho capito.** オ カピート
もしもし。（電話）	**Pronto.** プロント

▶ 聞かれたことに対する返事だけでなく、名前を呼ばれた際の「はい」にもなります。聞かれたり呼ばれたりしたら、とにかくまず返事をしましょう。

▶ "sì o no" という言い方があります。文字通り「はいかいいえか（はっきりしろ）」という意味ですが、日本人にはなかなか難しいようです。「郷に入っては…」とは言いますが、やはり相手が何を言っているかわかるまでは、はっきりした返事は慎んだ方が無難でしょう。

▶ さすがにこれだけでは素っ気なく聞こえます。Mi dispiace ma...（ミ ディスピア—チェ マ）「申し訳ないですが…」と前置きした方がやわらかいですね。

▶ イタリア人は実によく Hai capito?（アイ カピート）「わかったか？」と聞きます。何かを説明してくれるとその度に Hai capito? と念を押すので、ぼんやり聞いていると Non ho capito.（ノ ノ カピート）「わかりませんでした」と答える羽目になります。

▶ 受話器を取っての第一声がこれです。その後に名字や事業所の名前が続きます。個人の家だったら名乗らずに Chi parla?（キ パルラ）「どなたですか」と聞かれることも多いので、あわてないで Sono ~ .（ソノ）と自分の名前を言いましょう。

UNIT 7 重要表現（3）

ちょっと待ってください。	**Aspetti un momento.** アスペッティ　ウン　モメント
トイレはどこですか。	**Dov'è il bagno?** ドヴェ　イル バーニョ
イタリア語は話せますか。	**Parla l'italiano?** パルラ　リタリアーノ
イタリア語はわかりません。	**Non capisco l'italiano.** ノン　カピスコ　リタリアーノ
イタリア語は話せません。	**Non so parlare l'italiano.** ノン　ソ　パルラーレ　リタリアーノ

▶ Un momento. だけだったり、momento が minuto（ミ**ヌ**ート）になったり、per favore（ペル ファ**ヴォ**ーレ）が続いたりすることもあります。いずれにしてもイタリア語の「ちょっと」は、日本語のそれよりも長いと思った方がいいでしょう。

▶ bagno という言葉は「トイレ」の意味だったり「風呂場」の意味だったりするので、状況に注意して使いわけましょう。駅などのトイレではチップと引き換えにペーパーをもらう所もあります。

▶ Sì un po'.（ス**ィ** ウン ポ）「はい、少し」などと答えると、Parla bene!（パルラ **ベ**ーネ）「上手に話しますね」と言われそうです。Parla～? は「～を話しますか」が直訳です。「話せる」ではなく「話す」という言い方をするのが普通です。

▶ むやみに話しかけてくる相手には、警戒してこのように言った方がいいでしょう。本当に気のいいおばさんなどもいるのですが…。英語で話して欲しければ In inglese, per favore.（イニング**レ**ーゼ ペル ファ**ヴォ**ーレ）です。

▶ so は「私は～できる」です。上と同じで Non parlo l'italiano. とも言います。Ma sta parlando.（マ スタ パル**ラ**ンド）「話しているじゃないですか」と言われたら Pochissimo.（ポ**キ**ッスィモ）「ほんの少しだけ」と答えましょう。

UNIT 8 買物の時の表現
CD-8

| いくらですか。 | **Quanto è?** クワント エ |

| 高いよ。 | **È caro.** エ カーロ |

| 安いね。 | **Costa poco.** コスタ ポーコ |

| これをください。 | **Prendo questo.** プレンド クエスト |

| いりません。 | **Non lo voglio.** ノン ロ ヴォッリオ |

▶ Quanto viene（ヴィエネ）?、Quanto sarà（サラ）?、Quanto costa（コスタ）? なども同じ意味です。手書きの数字は読みにくいので、わからなかったら聞きましょう。果物などの値段は「1 kg いくら」で書いてありますから、払いすぎないように注意してください。

▶ 露店などでは言ってみるのもいいですが、ふつうの商店ではそれなりの理由がないと安くはなりません。やはり高い物はそれなりに品物が上等です。

▶ イタリア語には「安い」という言葉がありません。これは「値段が少し」という意味です。他に a buon mercato（ア ブ**オン** メル**カー**ト）「よい相場で」という言い方もあります。イタリアでは、生鮮食品は一般的に日本より安く売られています。

▶ 希望がはっきりしていれば、お店の人はいくつか見せてくれます。品物を2、3比べてみたらこう言って買いましょう。「どれも気に入らない」は Nessuno mi piace.（ネッ**スー**ノ ミ ピア**ー**チェ）です。

▶ しつこい相手にははっきり言いましょう。Non mi piace.（ノン ミ ピア**ー**チェ）「好きじゃない」というのもはっきりした理由になります。

UNIT 9 大変だ！（緊急時の表現）
CD-9

| 助けて！ | **Aiuto!**
 アイウート |

| つきまとわないで！ | **Lasciami solo/la!**
 ラッシャミ　ソーロ/ラ |

| 救急車を呼んでください。 | **Chiami l'ambulanza!**
 キアーミ　ランブランツァ |

| 病院へ行ってください。 | **Mi porti all'ospedale.**
 ミ　ポルティ　アッロスペダーレ |

| お金を取られました。 | **Mi hanno rubato i soldi.**
 ミ　アンノ　ルバート　イ ソルディ |

▶ 「泥棒！」は Al ladro!（アッラードロ）、「警察」は polizia（ポリ**ツィ**ーア）、「警官」は poliziotto（ポリツィ**オ**ット）です。イタリアには他にも carabiniere（カラビニ**エ**ーレ）「憲兵」、vigile urbano（**ヴィ**ジレ ウル**バ**ーノ）「自治警察」など、警察を意味する類の言葉があります。

▶ 直訳は「ひとりにしてください」という意味です。Lasciami! は、つかまれた時などに言うと「放してよ！」の意味になります。Chiamo la polizia!（キ**ア**ーモ ラ ポリ**ツィ**ーア）「警察を呼びますよ！」も効果があるでしょう。

▶ chiami が「呼んでください」、ambulanza が「救急車」です。イタリアでは、救急車を呼ぶ電話番号は 118 です。

▶ ospedale が「病院」です。英語の hospital と似ていますね。あわてている時は All'ospedale! と叫んでも通じるでしょう。

▶ i soldi が「お金」ですが、あいにくイタリアでは頻繁に Mi hanno rubato ~ . が聞かれます。万一 carta di credito(**カ**ルタ ディ クレ**ー**ディト)「クレジットカード」を取られたら、すぐに使用停止にすることをお忘れなく。

31

UNIT 10　数字を使った表現

お金	**4 euro e 75 centesimi** クワットロ エウロ エ セッタンタチンクエ チェンテズィミ
電話番号	**06-6519248** ゼロ セイ － セイ チンクエ ウノ ノヴェ ドゥエ クワットロ オット
時刻・時間 「8時20分です」	**Sono le otto e venti.** ソノ レ オット エ ヴェンティ
年月日 （2003年9月16日）	**il sedici settembre 2003** イル セディチ セッテンブレ ドゥエミラトレ
物を数える いろいろな表現 カップ1杯のコーヒー グラス1杯のワイン 　1枚の紙 　1箱のたばこ	**una tazzina di caffè** ウナ タッツィーナ ディ カッフェ **un bicchiere di vino** ウン ビッキエーレ ディ ヴィーノ **un foglio di carta** ウン フォリオ ディ カルタ **un pacchetto di sigarette** ウン パッケット ディ スィガレッテ

▶ ご存じのように現在の通貨はユーロです。1ユーロは100円ちょっとなので、補助単位としてcentesimo（チェン**テ**ズィモ）があります。

▶ 06は市外局番です。市内局番をふたつずつに区切って言うこともあります。その場合はハイフン以下を6（**セ**イ）、51（チンクワン**トゥー**ノ）、92（ノヴァンタ**ドゥ**エ）、48（クワラン**トット**）と読みます。

▶ 数字に女性・複数の定冠詞をつけて表します。これはora（**オー**ラ）「時間」が女性名詞だからです。15分はquarto（ク**ワ**ルト）「4分の1」、正午はmezzogiorno（メッツォ**ジョ**ルノ）、夜の12時はmezzanotte（メッツァ**ノッ**テ）です。

▶ 日付は、「日」がgiorno（**ジョ**ルノ）で男性名詞なので、数字に男性・単数の定冠詞ilをつけますが、毎月1日だけはil primo（プ**リー**モ）、8日はl'otto（**ロッ**ト）というように形が変わります。年は頭から、普通の数字と同じように読みます。

▶ カップ1杯のコーヒー、グラス1杯のワイン、1枚の紙、1箱のたばこという意味です。複数にする時は数字をつけるだけでなくdue tazzine（**ドゥ**エ タッ**ツィー**ネ）、tre fogli（ト**レ フォ**リ）といったように、カップなどの語尾も複数形に変えます。barなどではUn caffè.「コーヒー1杯」という簡単な言い方でも通じます。

33

UNIT 11 数字を覚えよう

CD-11

1	**uno** ウノ	11	**undici** ウンディチ
2	**due** ドゥエ	12	**dodici** ドディチ
3	**tre** トレ	13	**tredici** トレディチ
4	**quattro** クワットロ	14	**quattordici** クワットルディチ
5	**cinque** チンクエ	15	**quindici** クインディチ
6	**sei** セイ	16	**sedici** セディチ
7	**sette** セッテ	17	**diciassette** ディチャセッテ
8	**otto** オット	18	**diciotto** ディチョット
9	**nove** ノーヴェ	19	**diciannove** ディチャンノーヴェ
10	**dieci** ディエチ	20	**venti** ヴェンティ

21	**ventuno** ヴェントゥーノ		40	**quaranta** クワランタ
22	**ventidue** ヴェンティドゥエ		50	**cinquanta** チンクワンタ
23	**ventitre** ヴェンティトレ		60	**sessanta** セッサンタ
24	**ventiquattro** ヴェンティクワットロ		70	**settanta** セッタンタ
25	**venticinque** ヴェンティチンクエ		80	**ottanta** オッタンタ
26	**ventisei** ヴェンティセイ		90	**novanta** ノヴァンタ
27	**ventisette** ヴェンティセッテ		100	**cento** チェント
28	**ventotto** ヴェントット		1,000	**mille** ミッレ
29	**ventinove** ヴェンティノーヴェ		10,000	**diecimila** ディエチミーラ
30	**trenta** トレンタ		100,000	**centomila** チェントミーラ

Part 2

すぐに使える重要表現 85 と
基本単語 1000

UNIT 12　自分のことを言う
私は〜です／ではありません。

1	3	2
私は	日本人 タカシ 教師 ウェイター 主婦	です。 ではありません。

語句を覚えよう！

giapponese ♠♡ ジャッポネーゼ	日本人	cameriera ♡ カメリエーラ	ウェイトレス
Takashi タカシ	タカシ	impiegato/ta インピエガート/タ	会社員
insegnante ♠♡ インセニャンテ	教師	ingegnere/ra インジェニエーレ/ラ	技術者
cameriere ♠ カメリエーレ	ウェイター	studente ♠ ストゥデンテ	学生
casalinga ♡ カザリンガ	主婦	studentessa ♡ ストゥデンテッサ	学生

UNIT 12
CD-12

Sono / Non sono 〜 .

1+2

Sono
ソノ

Non sono
ノン　ソノ

+

3

giapponese.
ジャッポネーゼ

Takashi.
タカシ

insegnante.
インセニャンテ

cameriere.
カメリエーレ

casalinga.
カザリンガ

mini 会話

A：あなたはイタリア人ですか。		È italiano? エ　イタリアーノ
B：いいえ、日本人です。		No, sono giapponese. ノ　　ソノ　　ジャッポネーゼ
A：あなたは学生ですか。		È studentessa? エ　ストゥデンテッサ
B：いいえ、ウェイトレスです。		No, sono cameriera. ノ　　ソノ　　カメリエーラ

Point 自分のことを「〜です」と言う場合、動詞 sono を使います。「私」は io ですが、強調する場合にしか言いません。また、「〜です」の「〜」にあたる語は、女性になると語末が a になったり、-essa や -trice などの接尾辞がついたりすることが多いので、注意しましょう。

UNIT 13 CD-13

■ 相手について聞く
あなたは～ですか。

1	3	2
あなたは	イタリア人（男性） イタリア人（女性） ベッリーニさん（男性） ベッリーニさん（独身女性） 医者	ですか。

語句を覚えよう！

italiano ♠ イタリアーノ	イタリア人（男性）	signora Bellini スィニョーラ　ベッリーニ	ベッリーニさん(既婚女性)
italiana ♡ イタリアーナ	イタリア人（女性）	cinese ♠ ♡ チネーゼ	中国人
signor Bellini スィニョール　ベッリーニ	ベッリーニさん（男性）	francese ♠ ♡ フランチェーゼ	フランス人
signorina Bellini スィニョリーナ　ベッリーニ	ベッリーニさん(独身女性)	tedesco/ca テデスコ/カ	ドイツ人
medico ♠ ♡ メディコ	医者	spagnolo/la スパニョーロ/ラ	スペイン人

UNIT 13　CD-13　Lei è 〜 ?

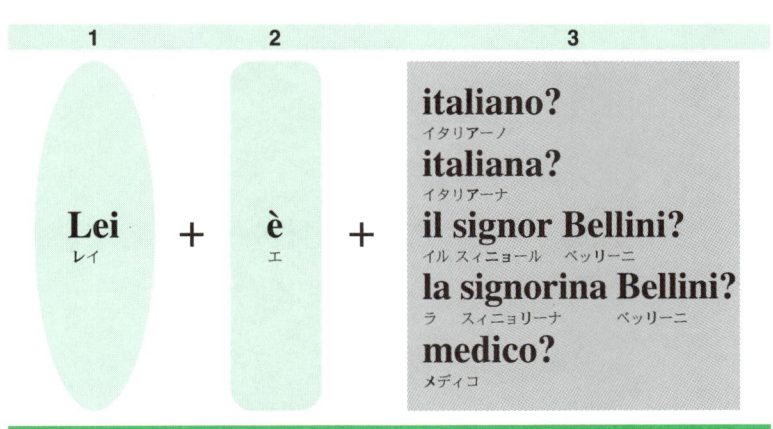

1	2	3
Lei レイ	**è** エ	**italiano?** イタリアーノ **italiana?** イタリアーナ **il signor Bellini?** イル スィニョール　ベッリーニ **la signorina Bellini?** ラ　スィニョリーナ　　　ベッリーニ **medico?** メディコ

mini 会話

A：あなたはアニェッリさんですか。
Lei è la signora Agnelli?
レイ　エラ　スィニョーラ　アニェッリ

B：いいえ、違います。
No, non sono io.
ノ　　ノン　ソノ　　イオ

A：失礼しました。
Mi dispiace.
ミ　ディスピアーチェ

A：あなたは学生ですか。
Tu sei studente?
トゥ セイ　ストゥデンテ

B：いいえ、ウェイターです。
No, sono cameriere.
ノ　　ソノ　カメリエーレ

Point　よく知らない人に話しかける時の「あなた」は Lei を使い、動詞は è になります。知っている人や子供に対しては tu を用い、動詞も sei になります。疑問文のつくり方は文末に "?" をつけるだけですが、文全体のアクセントはあまり変わらなくて、尋ねられているのがわからないこともあります。

UNIT 14 CD-14 ● 紹介する時
こちらは〜です。

1	3	2
こちらは	私の父 私の息子 私の友達（男性） 私の友達（女性） 私の妻	です。

語句を覚えよう！

padre ♠ パードレ	父	il mio ragazzo ♠ イル ミオ ラガッツォ	ボーイ フレンド
figlio ♠ フィッリオ	息子	la mia ragazza ♡ ラ ミア ラガッツァ	ガール フレンド
amico ♠ アミーコ	友達（男性）	marito ♠ マリート	夫
amica ♡ アミーカ	友達（女性）	madre ♡ マードレ	母
moglie ♡ モッリエ	妻	figlia ♡ フィッリア	娘

UNIT 14　Questo/ta è 〜．

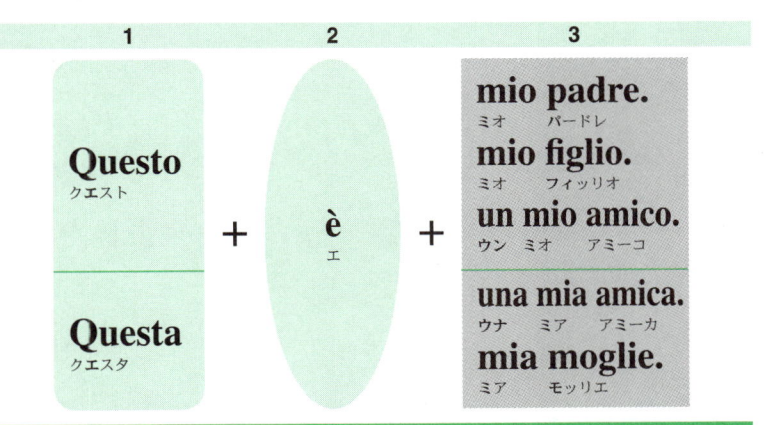

1	2	3

Questo
クエスト

Questa
クエスタ

＋ **è** ＋
エ

mio padre.
ミオ　パードレ
mio figlio.
ミオ　フィッリオ
un mio amico.
ウン　ミオ　アミーコ

una mia amica.
ウナ　ミア　アミーカ
mia moglie.
ミア　モッリエ

mini 会話

A：はじめまして。　　　　　　Piacere.
　　　　　　　　　　　　　　ピアチェーレ
　　こちらは私の妻です。　　　Questa è mia moglie.
　　　　　　　　　　　　　　クエスタ　エ　ミア　モッリエ
B：はじめまして。　　　　　　Piacere.
　　　　　　　　　　　　　　ピアチェーレ
C：はじめまして。宏子です。　Piacere. Sono Hiroko.
　　　　　　　　　　　　　　ピアチェーレ　ソノ　ヒロコ

Point　「私の」は mio、次にくる名詞が女性ならば mia です。他人（友達、恋人など）を表す語が続く場合には、普通は mio/mia の前に定冠詞 il/la がつきますが、mio papà（パパ）「私のお父さん」や mia mamma（マンマ）「私のお母さん」のように、親族名称だとつけません。questo/ta「こちらは」の男性／女性の区別を忘れないようにしましょう。

UNIT 15　居住地の表現
私／私たちは〜から来ました。

1	3	2
私は 私たちは	東京 ナポリ ローマ ロンドン パリ	から来ました。

語句を覚えよう！

Tokio ♡ トーキョー	東京	Venezia ♡ ヴェネーツィア	ヴェネチア
Napoli ♡ ナーポリ	ナポリ	Vienna ♡ ヴィエンナ	ウィーン
Roma ♡ ローマ	ローマ	Ginevra ♡ ジネーブラ	ジュネーブ
Londra ♡ ロンドラ	ロンドン	Madrid ♡ マドリード	マドリッド
Parigi ♡ パリージ	パリ	Berlino ♡ ベルリーノ	ベルリン

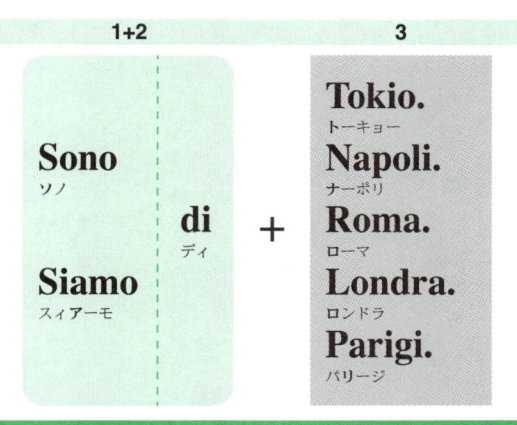

UNIT 15
CD-15

Sono / Siamo di ～.

1+2

Sono
ソノ

Siamo
スィアーモ

di
ディ

+

3

Tokio.
トーキョー
Napoli.
ナーポリ
Roma.
ローマ
Londra.
ロンドラ
Parigi.
パリージ

mini 会話

A：どちらから来ましたか。　　　Di dov'è Lei?
　　　　　　　　　　　　　　　ディ ドヴェ　レイ

B：私は東京から来ました。　　　Sono di Tokio.
　　　　　　　　　　　　　　　ソノ　　ディ トーキョー

A：私たちはナポリから来ました。　Noi siamo di Napoli.
　　　　　　　　　　　　　　　ノイ　スィアーモ　ディ ナーポリ

Point　Sono / Siamo di ～ . は、出身地を言う決まった言い方です。di は「～の」という意味のよく使われる前置詞で、その後に都市名が入ります。mini 会話にある dov'è は dove è の短縮形で、dove は「どこ」という意味です。国名で答えたい時は Sono giapponese. を使います。その場合「私たち」なら Siamo giapponesi. と、giapponese の語尾が複数形を表す i に変わります。

UNIT 16　■物について尋ねる
これ／あれは〜ですか。

1: これは／あれは
3: 病院／動物／虫／学校／ピザ
2: ですか。

語句を覚えよう！

ospedale ♠ オスペダーレ	病院	pianta ♥ ピアンタ	植物
animale ♠ アニマーレ	動物	stazione ♥ スタツィオーネ	駅
insetto ♠ インセット	虫	uccello ♠ ウッチェッロ	鳥
scuola ♥ スクオーラ	学校	carne ♥ カルネ	肉
pizza ♥ ピッツァ	ピザ	pesce ♠ ペッシェ	魚

UNIT 16   Questo/ta è 〜 ?   Quello/la è 〜 ?

CD-16

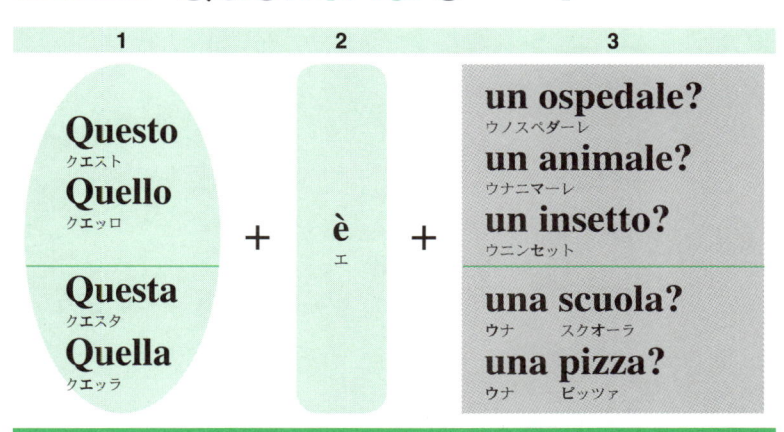

1	2	3
Questo クエスト **Quello** クエッロ		**un ospedale?** ウノスペダーレ **un animale?** ウナニマーレ **un insetto?** ウニンセット
Questa クエスタ **Quella** クエッラ	**è** エ	**una scuola?** ウナ スクオーラ **una pizza?** ウナ ピッツァ

mini 会話

A：すみません、これは病院ですか。   Scusi, questo è un ospedale?
　　　　　　　　　　　　　　　　　　　スクーズィ　クエスト　エ ウノスペダーレ
B：そうです、病院です。   Sì, è un ospedale.
　　　　　　　　　　　　　スィ　エ ウノスペダーレ

A：あれは魚ですか。   Quello è pesce?
　　　　　　　　　　　クエッロ　エ ペッシェ
B：いいえ。あれは肉です。   No. Quella è carne.
　　　　　　　　　　　　　ノ　クエッラ　エ カルネ

Point 近くの物は questo/ta、遠くの物は quello/la で示します。性は続ける名詞にあわせますが、その物を指さしながら È 〜 ? と言っても通じます。名詞の性は、原則として o で終わるものは男性、a で終わるものは女性ですが、e で終わる名詞についてはひとつずつ覚えるしかありません。この原則は人の名前にも当てはまりますが、たまに Luca（ルーカ）、Andrea（アンドレア）など a で終わる名前の男性もいます。

UNIT 17
CD-17

■ 所有の表現

私は〜を持っています／持っていません。

1	3		2
私は	パスポート 荷物 カメラ クレジットカード 切符	を	持っています。 持っていません。

語句を覚えよう！

passaporto ♠ パッサポルト	パスポート	soldi ♠（複） ソルディ	お金
bagaglio ♠ バガーリオ	荷物	chiave ♡ キアーヴェ	鍵
macchina ♡ マッキナ　fotografica 　　フォトグラーフィカ	カメラ	traveller's トラヴェラーズ　cheque ♠ 　　シェック	トラベラー ズチェック
carta ♡ カルタ　di credito 　　ディ クレーディト	クレジット カード	oggetto ♠ オッジェット　di valore 　　ディ ヴァローレ	貴重品
biglietto ♠ ビリエット	切符	biglietto ♠ ビリエット　aereo 　　アエーレオ	航空券

◆（複）は複数形を表します。

48

UNIT 17 CD-17 Ho / Non ho 〜.

1+2

Ho
オ

Non ho
ノ ノ

+

3

il passaporto.
イル パッサポルト

il bagaglio.
イル バガーリオ

la macchina fotografica.
ラ マッキナ フォトグラーフィカ

la carta di credito.
ラ カルタ ディ クレーディト

il biglietto.
イル ビリエット

mini 会話

A：私はお金を持っていません。 Non ho soldi.
　　　　　　　　　　　　　　　　　ノ　　ソルディ
　　クレジットカードを持ってい Ho una carta di credito.
　　　　　　　　　　　　　　　　　オ　ウナ　カルタ　ディ クレーディト
　　ます。いいですか。　　　　 Posso usarla?
　　　　　　　　　　　　　　　　　ポッソ　ウザルラ

B：こちらでは、クレジットカー Mi dispiace, non accettiamo
　　　　　　　　　　　　　　　　　ミ　ディスピアーチェ　ノン　アッチェッティアーモ
　　ドは扱ってないのですが。　 carte di credito.
　　　　　　　　　　　　　　　　　カルテ　ディ クレーディト

Point カメラを表す macchina fotografica は「写真の機械」という意味です。イタリア語では名詞をふたつ続けた合成語はあまりつくりません。「カメラ」のような名詞＋形容詞の形や、macchina da cucire「縫うための機械＝ミシン」、vasca da bagno「風呂のための水槽＝浴槽」のように、前置詞 da で「〜するための〜」とする合成語を好むので、よく使う物でも名前が長いことがあります。

UNIT 18
所有関係の表現
これ／あれは～です／ではありません。

1	3	2
これは あれは	私の財布 私の荷物 彼の時計 彼の学校 彼らのスーツケース	です。 ではありません。

語句を覚えよう！

il mio portafoglio イル ミオ ポルタフォッリオ	私の財布	la mia biro ラ ミア ビーロ	私のボールペン
il mio bagaglio イル ミオ バガーリオ	私の荷物	la nostra borsa ラ ノストラ ボルサ	私たちのバッグ
il suo orologio イル スオ オロロージョ	彼の時計	il mio ／ la mia イル ミーオ ／ ラ ミーア	私の物
la sua scuola ラ スア スクオーラ	彼の学校	il Suo ／ la Sua イル スーオ ／ ラ スーア	あなたの物
la loro valigia ラ ロロ ヴァリージャ	彼らの スーツケース	il ／ la loro イル／ ラ ローロ	彼らの物

UNIT 18　Questo/ta è / non è 〜.
　　　　Quello/la è / non è 〜.

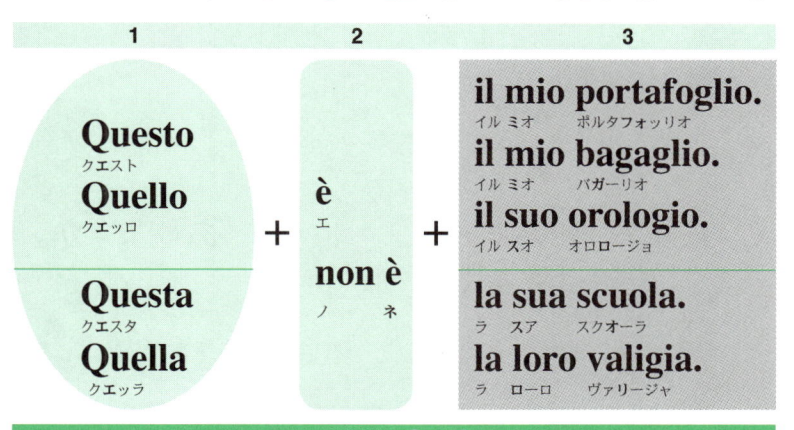

1
Questo
クエスト
Quello
クエッロ

Questa
クエスタ
Quella
クエッラ

＋

2
è
エ
non è
ノ　ネ

＋

3
il mio portafoglio.
イル ミオ　ポルタフォッリオ
il mio bagaglio.
イル ミオ　バガーリオ
il suo orologio.
イル スオ　オロロージョ

la sua scuola.
ラ スア　スクオーラ
la loro valigia.
ラ ローロ　ヴァリージャ

mini 会話

A：これは誰のですか。　　Di chi è questo?
　　　　　　　　　　　　　ディ キ　エ クエスト
B：私のです。　　　　　　È mio.
　　　　　　　　　　　　　エ ミーオ
A：あれは誰の靴ですか。　Di chi sono quelle scarpe?
　　　　　　　　　　　　　ディ キ　ソノ　クエッレ　スカルペ
B：彼の靴です。　　　　　Sono le sue.
　　　　　　　　　　　　　ソノ　レ　スーエ

Point　「誰のですか」と尋ねる時は、Di chi è / sono 〜？ が決まり文句です。è, sono は英語でいう be 動詞、essere「〜である」の活用形で、è は三人称単数の名詞に、sono は複数形の名詞に使います。scarpe「靴」のようにふたつ一組の物は、片方だけが話題になるのでなければ、普通は複数形で言います。複数形で言う物には他に、guanti「手袋」、calze「靴下」、pantaloni「ズボン」、jeans「ジーンズ」などがあります。

UNIT 19
CD-19

場所を尋ねる
この辺に〜はありますか。

3	2		1
この辺に	銀行 郵便局 レストラン ホテル デパート	は	ありますか。

語句を覚えよう！

banca ♡ バンカ	銀行	supermercato ♠ スーペルメルカート	スーパーマーケット
ufficio ♠ postale ウッフィーチョ　ポスターレ	郵便局	libreria ♡ リブレリーア	本屋
ristorante ♠ リストランテ	レストラン	farmacia ♡ ファルマチーア	薬屋
albergo ♠ アルベルゴ	ホテル	bar ♠ バール	バール
grande グランデ 　magazzino ♠ 　マガッズィーノ	デパート	negozio ♠ ネゴーツィオ 　di alimentari 　ディ アリメンターリ	食料品店

UNIT 19　C'è 〜 qui vicino?
CD-19

C'è
チェ
+
una banca
ウナ　バンカ
un ufficio postale
ウヌッフィーチョ　ポスターレ
un ristorante
ウン　リストランテ
un albergo
ウナルベルゴ
un grande magazzino
ウン　グランデ　マガッズィーノ
+
qui vicino?
クイ　ヴィチーノ

mini 会話

A：この辺にレストランはありますか。 C'è un ristorante qui vicino?
チェ　ウン　リストランテ　クイ　ヴィチーノ

B：向こうに日本食のレストランがあります。 C'è un ristorante giapponese di là.
チェ　ウン　リストランテ　ジャッポネーゼ　ディ　ラー

A：デパートはどうですか。 C'è, un grande magazzino?
チェ　ウン　グランデ　マガッズィーノ

B：この辺にデパートはないです。 No, purtroppo no.
ノ　プルトロッポ　ノ

Point　C'è 〜 ? は「〜がありますか」と尋ねる言い方ですが、「〜があります」と言うのも C'è 〜 . です。qui は「ここ」、vicino は「近い」です。イタリア文化を代表する bar は座っての飲食はもちろん、立ち飲み、立ち食い、持ち帰りと何でもＯＫで、コーヒー、お菓子、サンドイッチからお酒まで、何でもそろっています。入り慣れると、日本で不便を感じるでしょう。

UNIT 20 CD-20
■ 物の有無を尋ねる
〜はありますか。

2		1
コーヒー ビール お茶 フィルム 絵はがき	は	ありますか。

語句を覚えよう！

caffè ♠ カッフェ	コーヒー	acqua ♥ アックワ	水
birra ♥ ビルラ (birre（複)) ビルレ	ビール	acqua ♥ calda アックワ　　カルダ	お湯
tè ♠ テ	お茶	tabacco ♠ タバッコ (tabacchi（複)) タバッキ	たばこ
pellicola ♥ ペッリーコラ (pellicole（複)) ペッリーコレ	フィルム	batteria ♥ バッテリーア (batterie（複)) バッテリーエ	電池
cartolina ♥ カルトリーナ (cartoline（複)) カルトリーネ	絵はがき	fazzoletto ♠ ファッツォレット (fazzoletti（複)) ファッツォレッティ di carta ディ カルタ	ティッシュ

UNIT 20 CD-20 Avete 〜 ?

1	2
Avete アヴェーテ +	**caffè?** カッフェ **birre?** ビルレ **tè?** テ **pellicole?** ペッリーコレ **cartoline?** カルトリーネ

mini 会話

A：コーヒーはありますか。   Avete caffè?
                       アヴェーテ カッフェ
B：はい。   Sì.
                       スィ
A：2つください。   Ne prendo due, per favore.
                       ネ ブレンド ドゥエ ペル ファヴォーレ
B：お砂糖は？   Vuole zucchero?
                       ヴオーレ ズッケロ
A：結構です。   No, grazie.
                       ノ グラーツィエ

Point avete は「あなたたちは持っている」という意味です。mini 会話にある ne は「それを」、prendo は「私は取る」です。注文する時は per favore「どうぞ、お願いします」をつけると丁寧です。ご存じのようにイタリアでは caffè というと、日本でいうエスプレッソが出てきます。イタリア人は大抵砂糖を入れます。備えつけの柄の長いスプーンに山盛り3杯入れる人もいますから、砂糖を No, grazie. などと言うと驚かれるかもしれません。

UNIT 21 ■ 行動を言う
CD-21
私は〜します。

1	2	3
私は	テレビを	見ます。
	公園へ	行きます。
	服を	買います。
	家へ	帰ります。
	薬を	飲みます。

語句を覚えよう！

guardare グワルダーレ　la televisione ラ　テレヴィズィオーネ	テレビを見る	bere birra ベーレ　ビルラ	ビールを飲む
andare ai アンダーレ　アイ giardini pubblici ジャルディーニ　プッブリチ	公園へ行く	lavorare ラヴォラーレ	仕事をする
comprare コンプラーレ　i vestiti イ ヴェスティーティ	服を買う	studiare ストゥディアーレ	勉強をする
andare a casa アンダーレ　ア　カーザ	家へ帰る	ascoltare アスコルターレ　la musica ラ　ムズィカ	音楽を聞く
prendere プレンデレ　una medicina ウナ　メディチーナ	薬を飲む	pranzare プランツァーレ	ランチを食べる

UNIT 21 — CD-21 -o ~ .

1+3

Guardo グワルド
Vado ヴァード
Compro コンプロ
Vado ヴァード
Prendo プレンド

+

2

la televisione. ラ テレヴィズィオーネ
ai giardini pubblici. アイ ジャルディーニ プッブリチ
i vestiti. イ ヴェスティーティ
a casa. ア カーザ
una medicina. ウナ メディチーナ

mini 会話

A：この週末は何をしますか。　Che cosa fa il fine settimana?
ケ コザ ファイル フィーネ セッティマーナ

B：私はテレビを見ます。　Guardo la televisione.
グワルド ラ テレヴィズィオーネ

A：金曜日は何をしますか。　Che cosa fa il venerdì?
ケ コザ ファイル ヴェネルディ

B：友達と家で食事をします。　Mangio a casa con amici.
マンジョ ア カーザ コナミーチ

Point 「私は〜します」と言う時は、動詞の不定形の語尾（-are, -ere）を"-o"に変えます。でも andare「行く」→ vado 、bere「飲む」→ bevo のように、不規則に変化する語もあるので注意しましょう。「〜には何をしますか」と尋ねるのには、Che cosa fa ~? を使います。イタリア人は sabato sera「土曜の夜」によく外出して、discoteca「ディスコ」や cinema「映画」に行きます。

UNIT 22 — 行動を尋ねる
あなたは〜をしますか／しましたか。

	1	2
あなたは	朝食を食べ / 映画を観 / コーヒーを飲み	ますか。
	ラジオを聞き / テニスをし	ましたか。

語句を覚えよう！

fare la colazione ファーレ ラ コラツィオーネ	朝食を食べる	andare al lavoro アンダーレ　アル ラヴォーロ	仕事に行く
vedere un film ヴェデーレ　ウン　フィルム	映画を観る	leggere il giornale レッジェレ　イル ジョルナーレ	新聞を読む
bere un caffè ベーレ　ウン　カッフェ	コーヒーを飲む	andare a scuola アンダーレ　ア スクオーラ	学校へ行く
avere sentito la radio アヴェーレ センティート　ラ ラディオ	ラジオを聞いた	avere cenato アヴェーレ チェナート	夕食を食べた
avere giocato a tennis アヴェーレ　ジョカート　ア テニス	テニスをした	avere passeggiato アヴェーレ パッセッジャート	散歩をした

UNIT 22 — CD-22
～？/ Ha ～？

Ha +
- Fa la colazione?
- Vede un film?
- Beve un caffè?
- sentito la radio?
- giocato a tennis?

mini 会話

A：午後テレビを見ますか。
Guarda la televisione nel pomeriggio?

B：はい、いい映画をやっています。
Sì, c'è un bel film.

A：昼食には何を食べましたか。
Che cosa ha mangiato per il pranzo?

B：スパゲッティとビフテキを食べました。
Ho mangiato degli spaghetti e una bistecca.

Point イタリアン・レストランのコースの基本要素は、antipasto「前菜」(antiは「前」、pastoは「食事」)、primo piatto（直訳は「第1の皿」で、スープ・リゾット・パスタなど）、secondo piatto（「第2の皿」という意味で、肉・魚料理など）、contorno（「つけあわせ」の意味で、サラダ・野菜の炒め物など）です。その他、dolce「甘い物」、formaggi「チーズ」、frutta「果物」をつけることもありますが、普段の食事では、全部を食べるわけではありません。

UNIT 23
CD-23

■ 習慣・趣味について
私は〜をしません。

	2	1
私は	お酒を飲み たばこを吸い ゴルフをし ダンスをし トトカルチョをし	ません。

語句を覚えよう！

bere liquori ベーレ リクオーリ	酒を飲む	giocare a baseball ジョカーレ ア ベズボール	野球をする
fumare フマーレ	たばこを吸う	giocare a calcio ジョカーレ ア カルチョ	サッカーをする
giocare a golf ジョカーレ ア ゴルフ	ゴルフをする	fare un'escursione ファーレ ウネスクルスィオーネ	ハイキングに行く
ballare バッラーレ	ダンスをする	nuotare ヌオターレ	水泳をする
giocare al totocalcio ジョカーレ アルトトカルチョ	トトカルチョをする	sciare シアーレ	スキーをする

UNIT 23　Non 〜.

Non +
1. **bevo liquori.** (ベーヴォ リクォーリ)
2. **fumo.** (フーモ)
3. **gioco a golf.** (ジョーコ ア ゴルフ)
4. **ballo.** (バッロ)
5. **gioco al totocalcio.** (ジョーコ アル トトカルチョ)

mini 会話

A：ワインは飲みますか。　　　　　Beve vino?
　　　　　　　　　　　　　　　　　(ベーヴェ ヴィーノ)
B：いいえ、私はお酒は飲みません。No, non bevo alcolici.
　　　　　　　　　　　　　　　　　(ノ ノン ベーヴォ アルコリチ)
　　あなたは？　　　　　　　　　　E Lei?
　　　　　　　　　　　　　　　　　(エ レイ)
A：私は、お酒もたばこもやりません。Io non bevo, né fumo.
　　　　　　　　　　　　　　　　　(イオ ノン ベーヴォ ネ フーモ)

Point するのがゲームの場合 gioco（Lei「あなた」なら gioca）〜 と言いますが、「私は（スポーツ）をする」は gioco a〜 となります。totocalcio は bar か tabaccaio「タバコ屋」でできます。13試合全部を当てるのは fare tredici（**ファーレ トレディチ**）と言います。サッカーはもちろん人気スポーツですが、ciclismo（チクリズモ）「自転車競技」も人気で、夏の Giro d'Italia（ジーロ ディタリア）「自転車でイタリア半島を一周するレース」の時期は、国中の人が注目します。

UNIT 24
CD-24

■ 欲しい時の表現

〜が欲しいのですが／欲しい。

2		1
これ あれ ワイン 新聞 はがき	が	（私は） 欲しいのですが。 欲しい。

語句を覚えよう！

questo クエスト	これ	acqua ♡ minerale アックワ　ミネラーレ	ミネラル ウォーター
quello クエッロ	あれ	fotocopia ♡ フォトコピア	コピー
vino ♠ ヴィーノ	ワイン	asciugamano ♠ アッシュガマーノ	タオル
giornale ♠ ジョルナーレ	新聞	carta ♡ igienica カルタ　イジエニカ	トイレット ペーパー
cartolina ♡ カルトリーナ	はがき	menù ♠ メヌー	メニュー

UNIT 24 Mi dà 〜 ?/ Vorrei 〜 .

1	2
Mi dà ミダ	**questo** クエスト / **quello** クエッロ ?
+	**del vino** デル ヴィーノ / **un giornale** ウン ジョルナーレ / **una cartolina** ウナ カルトリーナ .
Vorrei ヴォルレイ	

mini 会話

A：何かご用は？
Che cosa vuole?
ケ コザ ヴオーレ

B：タオルをもう1枚欲しいのですが。
Mi dà un altro asciugamano, per favore?
ミ ダ ウナルトロ アッシュガマーノ ペル ファヴォーレ

A：かしこまりました。
Sì, certo.
スィ チェルト

Point vorrei は volere「欲しい」の婉曲的な言い方です。普通の形は voglio ですが、これは「王様でも言わない」と言われるくらいで、まず使いません。Mi dà? は「私にくださいますか」という意味で、もう少し丁寧な言い方です。「もうひとつ」は un altro「ひとつ別の」ですから、「コーヒーをもう一杯ください」も、Un altro caffè, per favore. で通じます。

UNIT 25
CD-25

● 希望を伝える
～をしたいのですが。

2	1
空港へ行き 部屋を予約し インターネットを使い 円をユーロに両替し スケジュールを変更し	（私は） たいのですが。

語句を覚えよう！

aeroporto ♠ アエロポルト	空港	andare アンダーレ	行く
camera ♥ カメラ	部屋	prenotare プレノターレ	予約する
internet ♠ インテルネット	インターネット	cambiare カンビアーレ	両替する
euro ♠ エウロ	ユーロ	cambiare カンビアーレ	変更する
programma ♠ プログランマ	スケジュール	riconfermare リコンフェルマーレ	再確認する

UNIT 25　Vorrei ～ .

CD-25

1　　　　　　　　**2**

Vorrei +
- andare all'aeroporto.
- prenotare una camera.
- comunicare via internet.
- cambiare yen in euro.
- cambiare il programma.

mini 会話

A：すみません。空港へ行きたいのですが。
B：タクシーに乗ったらいいですよ。
A：両替もしたいのですが、近くに銀行はありますか。

Senta. Vorrei andare all'aeroporto.
È meglio prendere un taxi.
Vorrei anche cambiare i soldi. C'è una banca qui vicino?

Point　mini 会話にある Senta. はもともと「聞いてください」という意味です。È meglio ～ は「～するのがよい」という言い方、「～も」は anche で、両方ともよく使う言葉です。トイレへは日本語では「行きたい」と言いますが、イタリア語では「行かねばならない」という言い方をするので、vorrei ではなく Devo andare al bagno.（デーヴォ アンダーレ アル バーニョ）となります。

UNIT 26
CD-26

● して欲しいことを頼む
～して欲しいです。

1	2	3
（私は） （あなたに）	ここに来て 手伝って 電話をして 私の通訳をして 街を案内して	欲しいです。

語句を覚えよう！

venire ヴェニーレ	来る	portare ポルターレ　il bagaglio イル バガーリオ	荷物を運ぶ
aiutare アイウターレ	手伝う	chiamare キアマーレ　un medico ウン メディコ	医者を呼ぶ
telefonare テレフォナーレ	電話をする	mandare il fax マンダーレ　イル ファックス	ファックスを送る
fare ファーレ　da interprete ダ インテルプレテ	通訳をする	chiamare キアマーレ　un taxi ウン タクスィ	タクシーを呼ぶ
farmi da guida ファルミ　ダ　グイーダ　nella città ネッラ チッタ	街を案内する	prenotare posto プレノターレ　ポスト　di teatro ディ テアトロ	劇場を予約する

UNIT 26 CD-26

Può ～？

Può
プオ
+
venire qui?
ヴェニーレ クイ
aiutarmi?
アイウタルミ
telefonare?
テレフォナーレ
farmi da interprete?
ファルミ ダ インテルプレテ
farmi da guida nella città?
ファルミ ダ グイーダ ネッラ チッタ

mini 会話

A：タクシーを呼んで欲しいのですが。

Senta, può chiamarmi un taxi, per favore?
センタ プオ キアマルミ ウン タクスィ ペル ファヴォーレ

B：わかりました。ロビーで待っていてください。

Sì, certo. Aspetti nella hall.
スィ チェルト アスペッティ ネッラ オール

Point può は「あなたは～できる」という意味です。ホテルから出掛ける時には、タクシーを呼んでもらうと安心ですし、Quanto costa andare a ～（＝行き先）？（クワント コスタ アンダーレ ア）と値段を確認しておくと、着いてからあわてなくてすむでしょう。

UNIT 27
CD-27

■ 行き先・目的地への希望表現

～に行きたい／行きたくない。

1	2	3
私は	コロッセオに 中心街に 日本大使館に 買物に 観光に	行きたい。 行きたくない。

語句を覚えよう！

Colosseo ♠ コロッセーオ	コロッセオ	edicola ♥ エディーコラ	キオスク
centro ♠ チェントロ	中心街	polizia ♥ ポリツィーア	交番
l'ambasciata ♥ ランバッシャータ del Giappone デル ジャッポーネ	日本大使館	ottico ♠ オッティコ	眼鏡店
fare spese ファーレ スペーゼ	買物	negozio ♠ ネゴーツィオ d'abbigliamento ダッビリアメント	ブティック
giro ♠ turistico ジーロ　　トゥリスティコ	観光	calzolaio ♠ カルツォライオ	靴屋

UNIT 27 — CD-27

Vorrei andare 〜.
Non voglio andare 〜.

1+3

Vorrei
ヴォルレイ

Non voglio
ノン ヴォッリオ

+ **andare**
アンダーレ

2

al Colosseo.
アル コロッセーオ

al centro.
アル チェントロ

all'ambasciata del Giappone.
アッランバッシャータ デル ジャッポーネ

a fare spese.
ア ファーレ スペーゼ

ad un giro turistico.
アド ウン ジーロ トゥリスティコ

mini 会話

A：どこに行きたいですか。 Dove vuol andare?
ドヴェ ヴオール アンダーレ

B：中心街へ行きたいです。 Vorrei andare al centro.
ヴォルレイ アンダーレ アル チェントロ

A：そこで何をしたいですか。 per fare cosa?
ペル ファーレ コザ

B：買物をしたいです。 Vorrei fare spese.
ヴォルレイ ファーレ スペーゼ

Point　「〜したい」は婉曲的な言い方の vorrei を使いますが、「〜したくない」は non voglio と婉曲的でないことに注意しましょう。イタリアの町の中心地はたいてい、comune「市庁舎」と duomo「大聖堂」のある広場 piazza comunale（もしくは piazza del duomo）になります。そこから放射状に道が延びて商店街になっています。駅は町外れにあることが多いので、電車から降りると少し寂しい感じがするかもしれません。

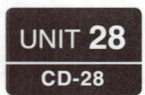

UNIT 28　行く手段の表現
～で行きたい／行きたくない。

3	2	1
車（自家用車） タクシー バス 電車 地下鉄	で	（私は） 行きたい。 行きたくない。

語句を覚えよう！

macchina ♡ マッキナ	自動車	con la bicicletta コン ラ ビチクレッタ	自転車で
taxi ♠ タクスィ	タクシー	con la nave コン ラ ナーヴェ traghetto トラゲット	フェリーで
autobus ♠ アウトブス	バス	con la nave コン ラ ナーヴェ passeggeri パッセッジェーリ	客船で
treno ♠ トレーノ	電車	aereo ♠ アエレオ	飛行機
metropolitana ♡ メトロポリターナ	地下鉄	funicolare ♡ フニコラーレ	ケーブルカー

UNIT 28
CD-28

Mi piace andare in 〜.
Non mi piace andare in 〜.

1	2	3

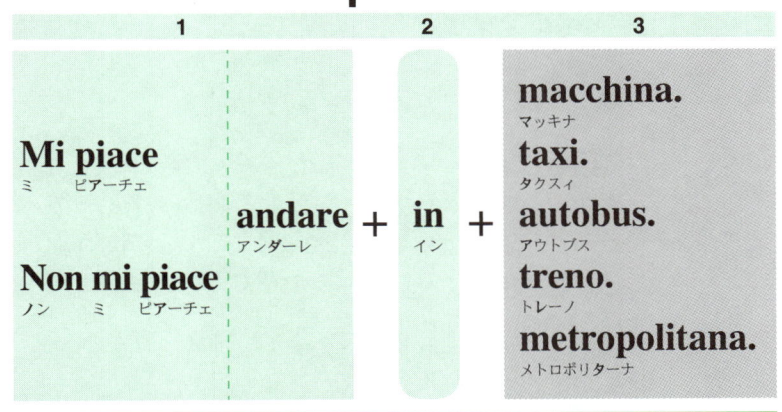

Mi piace
ミ　ピアーチェ

Non mi piace
ノン　ミ　ピアーチェ

+ andare +
アンダーレ

in +
イン

macchina.
マッキナ
taxi.
タクスィ
autobus.
アウトブス
treno.
トレーノ
metropolitana.
メトロポリターナ

mini 会話

A：何で行きますか。 　Con che mezzo va?
　　　　　　　　　　　　コン　ケ　メッツォ　ヴァ

B：バスで行きたいです。 Mi piace andare in
　　　　　　　　　　　　ミ　ピアーチェ　アンダーレ　イン
　　　　　　　　　　　　autobus.
　　　　　　　　　　　　アウトブス

A：では、高速バスがいいですよ。 Allora, è meglio prendere
　　　　　　　　　　　　アッローラ　エ　メッリオ　プレンデレ
　　　　　　　　　　　　l'autobus "Autostradale".
　　　　　　　　　　　　ラウトブス　　　アウストラダーレ

> **Point** mi piace は「私の気に入る、私は好きだ」という意味です。市街地を走る路線バスは慣れると便利ですが、切符の売り場がわかりにくいのが難点です。biglietto dell'autobus「バスの切符」は、bar や tabaccaio で売っています。混んだバスで降りる時は、Permesso.（ペルメッソ）「通してください」と言いながら出口へ向かいましょう。

UNIT 29 ■行き先の聞き方
CD-29
この〜は〜行きですか。

1	2	4	3
この	バスは 電車は 飛行機は 地下鉄は 船は	フィレンツェ ポンペイ チューリッヒ チネチッタ ギリシャ	行きですか。

語句を覚えよう！

autobus ♠ アウトブス	バス	Firenze フィレンツェ	フィレンツェ
treno ♠ トレーノ	電車	Pompei ポンペイ	ポンペイ
aereo ♠ アエレオ	飛行機	Zurigo ズリーゴ	チューリッヒ
metropolitana ♡ メトロポリターナ	地下鉄	Cinecittà チネチッタ	チネチッタ
nave ♡ ナーヴェ	船	Grecia ♡ グレーチャ	ギリシャ

UNIT 29 — Questo/ta 〜 è per 〜?

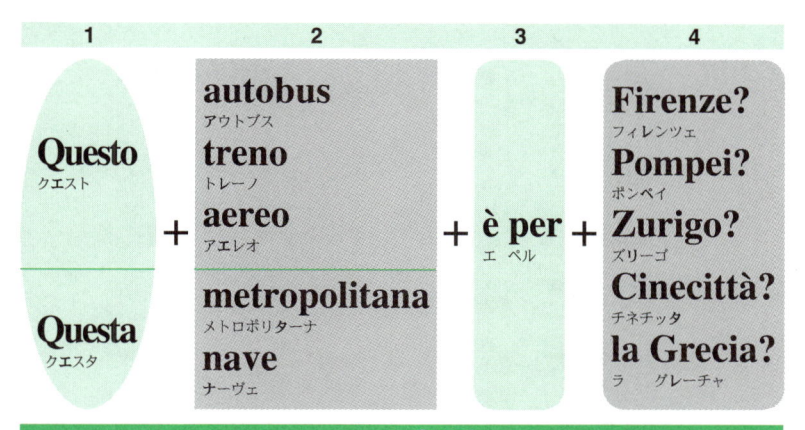

1	2	3	4
Questo クエスト / **Questa** クエスタ	**autobus** アウトブス / **treno** トレーノ / **aereo** アエレオ / **metropolitana** メトロポリターナ / **nave** ナーヴェ	**è per** エ ペル	**Firenze?** フィレンツェ / **Pompei?** ポンペイ / **Zurigo?** ズリーゴ / **Cinecittà?** チネチッタ / **la Grecia?** ラ グレーチャ

mini 会話

A：すみません。このバスはベローナ行きですか。
Scusi, quest'autobus è per Verona?
スクーズィ クエスタウトブス エ ペル ヴェローナ

B：いいえ、行きません。トリノ行きです。
No, è per Torino.
ノ エ ペル トリーノ

Point 外国で乗り物を利用する時は正しい方へ行けるか、到着するまで不安なものですが、乗る前に確認しておけばそんな不安も解消されます。イタリアではバス停に名前がありませんから、運転手に確認した後で Mi dice quando arriviamo?(ミ ディーチェ クワンド アルリヴィアーモ)「着いたら教えてくれますか」と頼んでおくと安心です。

UNIT 30 値段を聞く
〜はいくらですか。

2

これは
1瓶
全部で
あのズボンは
紙2枚で

1

いくらですか。

語句を覚えよう！

questo クエスト	これ	caro カーロ	高い
una bottiglia ウナ ボッティリア	1瓶	non caro ノン カーロ	安い
tutto トゥット	全部	più ピュー	もっと
quei pantaloni ♠(複) クエイ パンタローニ	あのズボン	va bene ヴァ ベーネ	OK
due fogli ♠(複) ドゥエ フォッリ	2枚	penso un po' ペンソ ウン ポ	ちょっと考えます

UNIT 30 Quanto costa / costano 〜 ?

1	2
Quanto costa クワント　　　コスタ	**questo?** クエスト **una bottiglia?** ウナ　ボッティッリア **in tutto?** イン トゥット
Quanto costano クワント　　　コスタノ	**quei pantaloni?** クエイ　パンタローニ **due fogli di carta?** ドゥエ フォッリ ディ カルタ

(1 + 2)

mini 会話

A：これはいくら？　　　　　Quanto costa questo?
　　　　　　　　　　　　　クワント　　コスタ　　クエスト
B：200 ユーロです。　　　　Duecento euro.
　　　　　　　　　　　　　ドゥエチェント　エウロ
A：高い！ 少し安くして。　È caro! Un po' di sconto,
　　　　　　　　　　　　　エ カーロ　ウン ポ ディ スコント
　　　　　　　　　　　　　per favore.
　　　　　　　　　　　　　ペル　ファヴォーレ

Point quanto は「どれだけ」、costa は「お金がかかる」という意味です。聞きたい物が複数形の時、costa は costano になります。手書きの数字は慣れないと読みづらくて、とっさにはよくわかりません。Quanto costa? と尋ねても返事がわからないと何にもなりませんから、数字もよく頭に入れておきましょう。通貨がリラの頃は、ホテル1泊が 120,000 リラなどと数字が大きくて、慣れていない日本人は最初びっくりしていましたが、今は 120,000 リラが 60 ユーロになり、聞き取りやすくなりました。

UNIT 31 ■ 値段の交渉
CD-31
まけてくれませんか。

2	1+3
もっと 10％（引きに） 半額に（50％引きに） 現金払いで20％（引きに） 300ユーロに	まけて くれませんか。

語句を覚えよう！

fare uno sconto ファーレ ウノ スコント	まける	saldi ♠ (複) サルディ	特売
sconto del dieci per cento スコント デル ディエチ ペル チェント	10％引き	metà prezzo メタ プレッツォ	半値
sconto del cinquanta per cento スコント デル チンクワンタ ペル チェント	50％引き	profitto ♠ プロフィット	儲け
sconto del venti per cento スコント デル ヴェンティ ペル チェント	20％引き	Non ho soldi. ノン ノ ソルディ	お金がない。
trecento euro トレチェント エウロ	300ユーロ	Non lo/la voglio. ノン ロ/ラ ヴォッリオ	いりません。

UNIT 31
Mi può fare uno sconto ~, per favore?

Mi può fare uno sconto
ミ プオ ファーレ ウノ スコント

+

maggiore,
マッジョーレ
del dieci per cento,
デル ディエチ ペル チェント
del cinquanta per cento,
デル チンクワンタ ペル チェント
del venti per cento
デル ヴェンティ ペル チェント
se pago in contanti,
セ パーゴ イン コンタンティ
a trecento euro,
ア トレチェント エウロ

+

per favore?
ペル ファヴォーレ

mini 会話

A：これはいくらですか。 Quanto costa questo?
　　　　　　　　　　　クワント コスタ クエスト
B：300 ユーロです。　　 Trecento euro.
　　　　　　　　　　　トレチェント エウロ
A：まけてくれませんか。 Mi può fare uno sconto, per favore?
　　　　　　　　　　　ミ プオ ファーレ ウノ スコント ペル ファヴォーレ
B：250 ユーロではどう   Duecentocinquanta euro, va bene?
　　ですか。　　　　　 ドゥエチェントチンクワンタ エウロ ヴァ ベーネ
A：いいです。　　　　　Va bene.
　　　　　　　　　　　ヴァ ベーネ

Point バーゲンの時期は、夏のバカンス前と冬のクリスマス後です。vetrina「ショーウィンドー」の中が見えないほどべたべたと SALDI の紙が貼られます。普通のお店では、日頃はあまり値引きはしないようですが、露店などでは買う人の腕しだいです。Va bene. は O K. の意味でよく使われる言葉です。

UNIT 32　日時を聞く
CD-32　何時に／いつ〜しましょうか。

1	2		
何時に	私たちは	出発しま 会いま 帰って来ま	しょうか。
いつ	お店は	オープン クローズ	しますか。

語句を覚えよう！

partire パルティーレ	出発する	tornare トルナーレ in Giappone イン ジャッポーネ	日本に帰国する
vedersi ヴェデルスイ	会う	visitare ヴィズィターレ	訪問する
tornare トルナーレ	帰って来る	alzarsi アルツァルスィ	起きる
aprire アプリーレ	開店する	andare a letto アンダーレ ア レット	寝る
chiudere キウーデレ	閉店する	fare colazione ファーレ コラツィオーネ	朝食をとる

UNIT 32 CD-32

A che ora / Quando 〜 ?

1	2

A che ora
アケ　オーラ

Quando
クワンド

\+

partiamo?
パルティアーモ

ci vediamo?
チ ヴェディアーモ

torniamo?
トルニアーモ

apre
アプレ
chiude
キウーデ

il negozio?
イル ネゴーツィオ

mini 会話

A：何時にここで会いましょうか。
B：明日の午後3時でいかがでしょう。

A che ora ci vediamo qui?
アケ　オーラ チ ヴェディアーモ クイ
Le va bene alle tre domani pomeriggio?
レ ヴァ ベーネ アッレ トレ ドマーニ ポメリッジョ

A：お店の営業時間はどのようですか。
B：朝は9時から1時までで午後は3時から7時までです。

Com'è l'orario del negozio?
コメ　ロラーリオ デル ネゴーツィオ
La mattina dalle nove all'una, e il pomeriggio dalle tre alle sette.
ラ マッティーナ ダッレ ノーヴェ アッルーナ エ イル ポメリッジョ ダッレ トレ アッレ セッテ

Point ora は「時間」です。「〜時に」は alle ＋数字で表しますが、「1時」は all'una です。数字が女性形なのは ora にあわせたためです。orario は「時間割、時刻表」を意味します。イタリアのお店は、昼食時にいったん閉めることが多いので、お店の入り口に午前中と午後の営業時間が表示してあります。

UNIT 33 ■場所を聞く
〜はどこですか。

CD-33

2	1
トイレ 地下鉄の駅 タクシー乗り場　は 入口 案内所	どこですか。

語句を覚えよう！

bagno バーニョ	トイレ	biglietteria ビリエッテリーア	切符売場
stazione della metropolitana スタツィオーネ デッラ メトロポリターナ	地下鉄の駅	uscita ウシータ	搭乗ゲート
stazione dei taxi スタツィオーネ デイ タクスィ	タクシー乗り場	stazione degli autobus スタツィオーネ デッリ アウトブス	バス乗り場
entrata エントラータ	入口	uscita ウシータ	出口
ufficio informazioni ウッフィーチョ インフォルマツィオーニ	案内所	ufficio cambio ウッフィーチョ カンビオ	両替所

UNIT 33 Dov'è ～？

Dov'è
ドヴェ

+

il bagno?
イル バーニョ

la stazione della metropolitana?
ラ スタツィオーネ デッラ メトロポリターナ

la stazione dei taxi?
ラ スタツィオーネ デイ タクスィ

l'entrata?
レントラータ

l'ufficio informazioni?
ルッフィーチョ インフォルマツィオーニ

mini 会話

A：すみません。トイレはどこですか。
Scusi, dov'è il bagno?
スクーズィ ドヴェ イル バーニョ

B：あちら。右側です。
Lì. A destra.
リ ア デストラ

A：ありがとう。
Grazie.
グラーツィエ

Point Dov'è は「どこ」を意味する dove と、「ある」を意味する è がくっついた形で、大変よく使われる重要な表現です。返事に使われそうな diritto（ディリット）「まっすぐ」、destra（デストラ）「右」、sinistra（スィニストラ）「左」、in fondo（イン フォンド）「奥」なども一緒に覚えておきましょう。

UNIT 34 CD-34 ■人数を聞く
〜は何人ですか。

2		1
兄弟 会社の従業員 イタリアの人口 大学の学生数 家族	は	何人ですか。

語句を覚えよう！

fratello ♠ フラテッロ (fratelli（複）) フラテッリ	兄弟	lavoratore ♠ ラヴォラトーレ (lavoratori（複）) ラヴォラトーリ	労働者
impiegato ♠ インピエガート (impiegati（複）) インピエガーティ	従業員	impiegato ♠ statale インピエガート スタターレ (impiegati statali（複）) インピエガーティ スタターリ	国家公務員
abitante ♠ アビタンテ (abitanti（複）) アビタンティ	住人	popolazione ♡ ポポラツィオーネ	人口
studente ♠ ストゥデンテ (studenti（複）) ストゥデンティ	学生	uomo ♠ ウオーモ	男性
famiglia ♡ ファミッリア	家族	donna ♡ ドンナ	女性

UNIT 34 — Quanti/te ～?

1	2
Quanti (クワンティ) +	**fratelli ha?** (フラテッリ ア)
	impiegati ha la Sua ditta? (インピエガーティ ア ラ スア ディッタ)
	abitanti ci sono in Italia? (アビタンティ チ ソノ イニタリア)
	studenti ci sono all'università? (ストゥデンティ チ ソノ アッルニヴェルスィタ)
Quante (クワンテ)	**persone ci sono nella Sua famiglia?** (ペルソネ チ ソノ ネッラ スア ファミッリア)

mini 会話

A：御家族は何人ですか。

Quante persone ci sono nella Sua famiglia?
(クワンテ ペルソネ チ ソノ ネッラ スア ファミッリア)

B：5人です。私と夫と子ども3人です。あなたは？

Siamo in cinque: tre bambini, io e mio marito. E nella Sua?
(スィアーモ イン チンクエ トレ バンビーニ イオ エ ミオ マリート エ ネッラ スーア)

A：私はおじいさんと私たち夫婦3人です。

Noi siamo in tre: io, mia moglie e mio nonno.
(ノイ スィアーモ イントレ イオ ミア モッリエ エ ミオ ノンノ)

Point 数を尋ねるのは、値段を聞く時の quanto を複数形の quanti/te にして使います。「私たちは〜人です」の言い方は、レストランなどでも In quanti sono?（イン クワンティ ソノ）「何名様ですか」と聞かれた際の返事に使えます。日本の人口、centoventi milioni di abitanti「1億2千万人」とか、東京の人口、dodici milioni di abitanti「1千2百万人」なども言えるようにしておくと、雑談で役にたちます。

UNIT 35
CD-35

■ 年齢を聞く
〜は何歳ですか。

1		2
あなた 息子さん お孫さん（女） お父さん	は	何歳ですか。
この樹		樹齢何年ですか。

語句を覚えよう！

figlio ♠ フィッリオ	息子	nonna ♡ ノンナ	祖母
nipote ♠♡ ニポーテ	孫	albero ♠ アルベロ	樹
padre ♠ パードレ	父	edificio ♠ エディフィーチョ	建物
madre ♡ マードレ	母	nuovo ヌオーヴォ	新しい
nonno ♠ ノンノ	祖父	vecchio ヴェッキオ	古い

UNIT 35 CD-35 Quanti anni ha ～？

Quanti anni ha
クワンティ　アンニ　ア

＋

Lei?
レイ
Suo figlio?
スオ　フィッリオ
Sua nipote?
スア　ニポーテ
Suo padre?
スオ　パードレ
questo albero?
クエスト　アルベロ

mini 会話

A：お嬢さんは何歳ですか。　Quanti anni ha Sua figlia?
クワンティ　アンニ　ア　スア　フィッリア

B：7歳です。　Ha sette anni.
ア　セッテ　アンニ

A：あの坊やは何歳ですか。　E quanti ne ha quel bambino?
エ　クワンティ　ネ　ア　クエル　バンビーノ

B：6歳です。　Sei.
セイ

Point　「～はいくつの年を持っていますか」というのが Quanti anni ha ～？ の直訳です。nipote は「甥・姪」のことも言うので、会話では「孫」を、「可愛い、小さい」という意味の -ino/na をつけて nipotino/na（ニポティーノ/ナ）と呼ぶのもよく聞かれます。ご多分に漏れず、初対面の女性に年齢を尋ねるのは失礼になるようです。

UNIT 36
CD-36

■ 理由を聞く
なぜ～ですか。

1	2
なぜ	ですか。 間違いなのですか。 遅れたのですか。 （値段が）高いのですか。 怒っているのですか。

語句を覚えよう！

sbaglio ♠ ズバッリオ	間違い	dire così ディーレ コズィ	そう言う
in ritardo イン リタルド	遅れる	ridere リーデレ	笑う
caro カーロ	（値段が）高い	rifiutare リフィウターレ	断る
arrabbiato/ta アルラビアート/タ	怒っている	chiedere scusa キエーデレ スクーザ	謝る
pensare così ペンサーレ コズィ	そう考える	nascondere ナスコンデレ	隠す

UNIT 36　Perché ～ ?
CD-36

1	2

Perché
ペルケ

+

?
è sbagliato?
エ ズバリアート
è arrivato/ta in ritardo?
エ アッリヴァート/タ　イン リタルド
è caro?
エ カーロ
è arrabbiato/ta?
エ アッラビアート/タ

mini 会話

A：このグラスは 500 ユーロ　　Questo bicchiere costa
　　　　　　　　　　　　　　　クエスト　　ビッキエーレ　　コスタ
　　です。　　　　　　　　　　cinquecento euro.
　　　　　　　　　　　　　　　チンクエチェント　　エウロ
B：なぜ、そんなに高いのですか。Perché è così caro?
　　　　　　　　　　　　　　　ペルケ　　エ　コズィ　カーロ
A：輸入品だからです。　　　　Perché è importato.
　　　　　　　　　　　　　　　ペルケ　　エ　インポルタート

Point　「なぜ」と尋ねるのも perché なら、「なぜなら」と答えるのも perché です。「それだから」は perciò（ペルチョ）と言います。内容・程度を問わず「そのように」を表す così は大変よく使われる、便利な言葉です。

UNIT 37
CD-37

■ 程度を聞く（1）

どのくらい〜ですか。

3		1	2	
ビル			高い	
荷物			重い	
あなた	は	どのくらい	背が高い	のですか。
電車			速い	
風呂			熱い	

語句を覚えよう！

alto/ta アルト / タ	高い	monte ♠ モンテ	山
pesa（不定形は pesare） ペーザ　　　ペザーレ	重さがある	zaino ♠ ザイノ	リュックサック
alto/ta アルト / タ	背が高い	bagno ♠ バーニョ	風呂
veloce ヴェローチェ	速い	automobile ♥ アウトモービレ 　　　sportiva 　　　スポルティーヴァ	スポーツカー
caldo/da カルド / ダ	熱い	grande グランデ	大きい

UNIT 37 — Quanto ～ ?

1	2	3
Quanto クワント	**è alto** エ アルト	**il palazzo?** イル パラッツォ
	pesa ペーザ	**il bagaglio?** イル バガーリオ
	è alto/ta エ アルト/タ	**Lei?** レイ
	va veloce ヴァ ヴェローチェ	**il treno?** イル トレーノ
	è calda エ カルダ	**l'acqua del bagno?** ラックア デル バーニョ

mini 会話

A：あのビルの高さはどのくらいですか。
Quanto è alto quel palazzo?
クワント エ アルト クエル パラッツォ

B：200 メートルです。
È alto duecento metri.
エ アルト ドゥエチエント メートリ

A：あなたは、身長はどのくらいですか。
Lei, quanto è alto?
レイ クワント エ アルト

B：170 センチです。
Un metro e settanta centimetri.
ウン メトロ エ セッタンタ チェンティメトリ

Point 高い建物のことは palazzo といいます。「宮殿」と同じ単語なので間違えないようにしてください。更に高い摩天楼のことは grattacielo（グラッタチェーロ）と言います。gratta は「引っ掻く」、cielo は「空」の意味で、英語の skyscraper「超高層ビル、摩天楼」のイタリア語訳です。重さを尋ねる時は、動詞 pesare「重さがある」を使うので、自分のことを言う場合は Peso ～ kili.（ペーゾ ～ キーリ）となります。

UNIT 38

■ 程度を聞く（2）

どのくらい（時間が）かかりますか。

1	3	2
どのくらい（時間が）	ここから ボローニャまで 空港まで 飛行機で 歩いて	かかりますか。

語句を覚えよう！

da qui ダ クイ	ここから	un'ora ウノーラ	1時間
a Bologna ア ボローニャ	ボローニャまで	un'ora e mezza ウノーラ エ メッツァ	1時間半
all'aeroporto アッラエロポルト	空港まで	mezza giornata メッツァ ジョルナータ	半日
in aereo イナエレオ	飛行機で	un giorno intero ウン ジョルノ インテーロ	丸1日
a piedi ア ピエーディ	歩いて	qualche minuto クワルケ ミヌート	数分

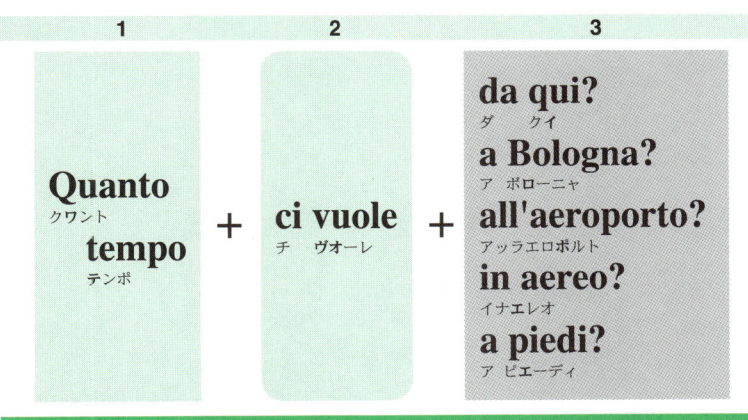

UNIT 38 — CD-38

Quanto tempo ci vuole ～?

1	2	3
Quanto クワント **tempo** テンポ	**ci vuole** チ ヴォーレ	**da qui?** ダ クイ **a Bologna?** ア ボローニャ **all'aeroporto?** アッラエロポルト **in aereo?** イナエレオ **a piedi?** ア ピエーディ

＋ between columns 1 and 2, **＋** between columns 2 and 3.

mini 会話

A：東京からミラノまでどのくらい時間がかかりますか。
B：約12時間です。
A：よいご旅行を。

Quanto tempo ci vuole
クワント テンポ チ ヴォーレ
da Tokio a Milano?
ダ トーキョー ア ミラーノ
Ci vogliono circa dodici ore.
チ ヴォッリオノ チルカ ドディチ オーレ
Buon viaggio!
ブオン ヴィアッジョ

Point Quanto tempo ci vuole ～ ? は、所要時間を尋ねる時の決まった言い方です。返事になる時間が1時間より多い場合は、Ci vogliono ～ ore. と複数形になるので気をつけましょう。乗り物が止まってしまった時などに「あとどれくらい」と尋ねたかったら、ancora di più（アンコーラ ディ ピュー）と加えます。その時、Venti minuti.（ヴェンティ ミヌーティ）「20分」などと、まことしやかに答えてきたら、見通しがたたないとあきらめた方がいいかもしれません。

UNIT 39　■相手に尋ねる
～は何ですか。

2		1
これ / 趣味 / 専攻 / 電話番号 / お名前	は	何ですか。

語句を覚えよう！

hobby ♠ オビ	趣味	la specialità di oggi ラ スペチャリタ ディ オッジ	今日のお勧め
specialità ♥ スペチャリタ	専攻	questo piatto クエスト ピアット	この料理
numero di telefono ヌーメロ ディ テレーフォノ	電話番号	tempo ♠ テンポ	天気
chiamarsi キアマルスィ	名前は～という	numero di telefonino ヌーメロ ディ テレフォニーノ	携帯電話番号
numero di fax ヌーメロ ディ ファクス	ファックス番号	lavoro ♠ ラヴォーロ	職業

UNIT 39 Che / Quale / Come ～ ?

CD-39

1	2
Che cosa è ケ　コザ　エ	**questo?** クエスト
Qual'è クワレ	**il Suo hobby?** イル スオ　オビ **la Sua specialità?** ラ　スア　スペチャリタ
Quale numero è クワレ　ヌーメロ　エ	**il Suo telefono?** イル スオ　テレーフォノ
Come コメ	**si chiama?** スィ キアーマ

(1 + 2)

mini 会話

A：趣味は何ですか。　　　　　Che cosa è il Suo hobby?
　　　　　　　　　　　　　　　　ケ　コザ　エ イル スオ　オビ

B：スポーツです。サッカーが　È lo sport. Mi piace molto il calcio.
　　　大好きです。　　　　　　　エ ロ スポルト ミ ピアーチェ モルト イル カルチョ

A：私は、映画と旅行が大好き　A me piacciono tanto il cinema
　　　です。　　　　　　　　　　ア メ　　ピアッチョノ　タント　イル チネマ
　　　　　　　　　　　　　　　　e i viaggi.
　　　　　　　　　　　　　　　　エ イ ヴィアッジ

Point

Come si chiama? は相手の名前を尋ねる際の決まった言い方ですが、先に自分が Mi chiamo ～ .（ミ キアーモ）と名乗ります。これも決まった言い方です。職業を尋ねるのは Che cosa fa di lavoro? です。「今日の天気は？」は Che tempo fa oggi?、晴天なら Fa bel tempo.（ファ ベル テンポ）、雨なら Piove.（ピオーヴェ）と答えます。

UNIT 40 ■比較の質問
どちらが〜ですか。

	1	2	3
	どちらが	便利 / いい / 欲しい / お好き / おもしろい	ですか。

語句を覚えよう！

utile ウーティレ	便利な	è uguale エ ウグワーレ	どちらでもよい
meglio メッリオ （不定形は buono） ブオーノ	よい	comodo da vivere コモド ダ ヴィーヴェレ	住みやすい
vuole ヴォーレ （不定形は volere） ヴォレーレ	欲しい	volere mangiare ヴォレーレ マンジャーレ	食べたい
preferisce プレフェリッシェ （不定形は preferire） プレフェリーレ	より好む	fa freddo ファ フレッド	寒い
interessante インテレッサンテ	おもしろい	fa caldo ファ カルド	暑い

UNIT 40 CD-40
Quale 〜 ?

1+3   **2**

Quale
クワレ

+

è più utile?
エ ピュー ウーティレ

è meglio?
エ メッリオ

vuole?
ヴオーレ

preferisce?
プレフェリッシェ

è più interessante?
エ ピュー インテレッサンテ

mini 会話

A：どちらがお好きですか。
Quale preferisce?
クワレ　プレフェリッシェ

B：こちらをください。
Prendo questo.
プレンド　クエスト

A：東京とローマではどちらが住みやすいですか。
Qual è più comoda da vivere, Tokio o Roma?
クワレ　ピュー　コモダ　ダ　ヴィーヴェレ
トーキョー オ ローマ

B：ローマです。
Roma.
ローマ

Point　「より〜だ」は più をつけます。buono の比較級は、「よい」という意味で使う時は meglio ですが、「よりおいしい」と言いたい時は più buono となります。「より〜でない」は meno（メノ）をつけます。più, meno はそれぞれラテン語の plus「より多い」、minus「より少ない」から来た語です。今では「プラス」、「マイナス」でおなじみですね。

UNIT 41
CD-41

● 種類の好みを聞く
どんな種類の〜が好きですか。

1	2	3
どんな 種類の	服が スポーツが 色が 料理が 飲み物が	（あなたは） 好きですか。

語句を覚えよう！

vestito ♠ ヴェスティート	服	rosso ロッソ	赤い
sport ♠ スポルト	スポーツ	nero ネーロ	黒い
colore ♠ コローレ	色	azzurro アズルロ	青い
cucina ♡ クチーナ	料理	verde ヴェルデ	緑の
bevanda ♡ ベヴァンダ	飲み物	bianco ビアンコ	白い

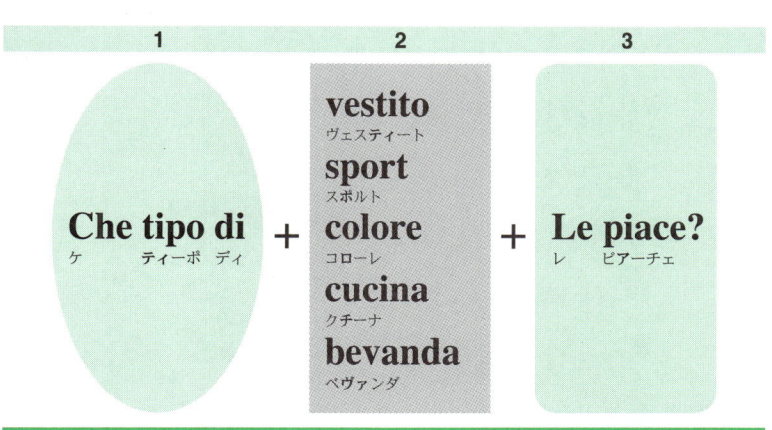

UNIT 41　Che tipo di 〜 Le piace?

Che tipo di
ケ　ティーポ ディ

+

vestito
ヴェスティート
sport
スポルト
colore
コローレ
cucina
クチーナ
bevanda
ベヴァンダ

+

Le piace?
レ　ピアーチェ

mini 会話

A：どんな服が好きですか。　Che tipo di vestito Le piace?
　　　　　　　　　　　　　　ケ　　ティーポ ディ ヴェスティート レ　ピアーチェ
B：白色でシンプルなＴシャ　Mi piace la maglietta bianca
　　ツが好きです。　　　　　ミ　ピアーチェ ラ マリエッタ　　ビアンカ
　　　　　　　　　　　　　　e semplice.
　　　　　　　　　　　　　　エ センプリチェ
A：私もです。　　　　　　　Anche a me.
　　　　　　　　　　　　　　アンケ　　ア メ

Point　「〜が好きだ」という言い方は「物が（人の）気に入る」という動詞 piacere を使うので、日本人には少しなじみにくいかもしれません。物が複数だと piacciono（ピアッチョノ）になります。「私はあさりのスパゲッティが好きです」は Mi piacciono gli spaghetti alle vongole.（ミ ピアッチョノ リ スパゲッティ アッレ ヴォンゴレ）と言います。

UNIT 42　どうだったか聞く時の表現
～はいかがですか／いかがでしたか。

2	1
旅行は 昼食は （調子は） お仕事は イタリアは	いかがですか。 いかがでしたか。

語句を覚えよう！

viaggio ♠ ヴィアッジョ	旅行	cucina ♡ クチーナ　mediterranea メディテルラーネア	地中海料理
pranzo ♠ プランツォ	昼食	cucina ♡ クチーナ　giapponese ジャッポネーゼ	日本料理
lavoro ♠ ラヴォーロ	仕事	cucina ♡ クチーナ　francese フランチェーゼ	フランス料理
Italia ♡ イターリア	イタリア	cucina ♡ クチーナ　italiana イタリアーナ	イタリア料理
giro turistico ♠ ジーロ　トゥリスティコ della città デッラ　チッタ	市内観光	pizza ♡ ピッツァ　napoletana ナポレターナ	ナポリ風ピザ

UNIT 42 — CD-42

Come ～ ?

1		2
Come	è (è stato)	**il viaggio?**
	va (è andata)?	**il pranzo?**
	va (è andato)	**il lavoro?**
Le piace (L'è piaciuta)		**l'Italia?**

カナ読み:
- Come コメ
- è エ (è stato エ スタート)
- va ヴァ (è andata エ アンダータ)
- va ヴァ (è andato エ アンダート)
- Le piace レ ピアーチェ (L'è piaciuta レ ピアチュータ)
- il viaggio? イル ヴィアッジョ
- il pranzo? イル プランツォ
- il lavoro? イル ラヴォーロ
- l'Italia? リターリア

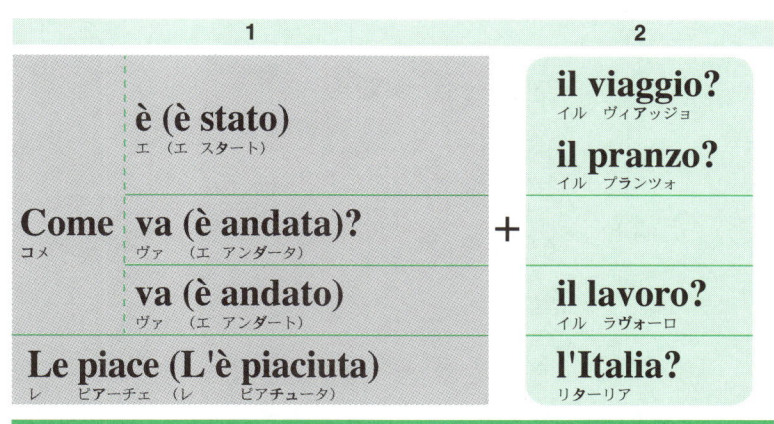

mini 会話

A：お茶の味はいかがですか。　Com'è il tè?
　　　　　　　　　　　　　　　　コメ　イルテ
B：おいしいです。　È buono.
　　　　　　　　　　　エ ブオーノ

A：最近、お仕事はいかがですか。　Come va il lavoro questi giorni?
　　　　　　　　　　　　　　　　　　コメ　ヴァ イル ラヴォーロ クエスティ ジョルニ
B：まあまあです。　Così e così.
　　　　　　　　　　　コズィ エ コズィ

Point

Come va? はたいへんよく使う表現です。体調でも仕事でも、生活全般を漠然と「どうですか」と聞く挨拶のような言葉で、返事は Va bene. Grazie.（ヴァ ベーネ グラーツィエ）「いいです。ありがとう」が一般的です。上の本文では、過去形の「～はいかがでしたか」の形は（ ）内に示されていますので、例えば「旅行はどうだった？」と過去形で聞きたい時は、Com'è stato il viaggio? となります（com'è は come ＋ è のくっついた形です）。

UNIT 43
CD-43

● 依頼する時

〜してくれませんか。

1	3	2
（あなたは）	写真を撮って （シャッターの）ボタンを押して 荷物を持って ちょっと待って もっとゆっくり話して	くれませんか。

語句を覚えよう！

fare una foto ファーレ ウナ フォト	写真を撮る	tirare ティラーレ	引っぱる
premere プレーメレ il bottone イル ボットーネ	（シャッターの）ボタンを押す	accendere アッチェンデレ la luce ラ ルーチェ	電気をつける
portare ポルターレ il bagaglio イル バガーリオ	荷物を持つ	chiudere キウーデレ la finestra ラ フィネストラ	窓を閉める
aspettare アスペッターレ	待つ	aprire la porta アプリーレ ラ ポルタ	ドアを開ける
parlare パルラーレ lentamente レンタメンテ	ゆっくり話す	dirlo ancora ディルロ アンコーラ una volta ウナ ヴォルタ	それをもう一度言う

UNIT 43 Potrebbe 〜 ?

CD-43

1+2	3
Potrebbe +	**farmi una foto?** ファルミ ウナ フォト
ポトレッベ	**premere il bottone?** プレーメレ イル ボットーネ
	portarmi il bagaglio? ポルタルミ イル バガーリオ
	aspettarmi un po'? アスペッタルミ ウン ポ
	parlare più lentamente? パルラーレ ピュー レンタメンテ

mini 会話

A：すみません、カメラのシャッターを押してくれませんか。
Scusi, mi potrebbe scattare una foto?
スクーズィ ミ ポトレッペ スカッターレ ウナ フォト

B：どのボタンですか。
Quale bottone?
クワレ ボットーネ

A：このボタンです。
Questo qui.
クエスト クイ

Point potrebbe は può の婉曲的な形で、より丁寧な表現になります。vorrei が voglio の婉曲的な言い方なのと同じです。per favore をつけてもいいでしょう。話しかける時の Scusi. と、依頼したことが終わってからの Grazie.（グラーツィエ）「ありがとう」は忘れないで。

UNIT 44
CD-44
●何かをする必要がある時の表現
私は〜しなければなりません。

3	2	1
私は	7時20分までにそこへ行か 5時までに空港へ着か すぐに出発し 次のバスに乗ら 明日国に帰ら	なければ なりません。

語句を覚えよう！

prima delle sette e venti プリーマ デッレ セッテ エ ヴェンティ	7時20分までに	dopodomani ドーポドマーニ	あさって
prima delle cinque プリーマ デッレ チンクエ	5時までに	ieri イエーリ	昨日
subito スビト	すぐに	questa settimana クエスタ セッティマーナ	今週
domani ドマーニ	明日	la prossima settimana ラ プロッスィマ セッティマーナ	来週
oggi オッジ	今日	il prossimo anno イル プロッスィモ アンノ	来年

UNIT 44
CD-44

Devo 〜.

Devo
デーヴォ
+
arrivarci prima delle sette e venti.
アッリヴァルチ プリーマ デッレ セッテ エ ヴェンティ
arrivare all'aeroporto prima delle cinque.
アッリヴァーレ アッラエロポルト プリーマ デッレ チンクエ
partire subito.
パルティーレ スビト
prendere il prossimo autobus.
プレンデレ イル プロッスィモ アウトブス
tornare nel mio paese domani.
トルナーレ ネル ミオ パエーゼ ドマーニ

mini 会話

A：7時までにそこへ行かなければなりません。
そこで彼女に会う予定なので。

Devo arrivarci prima delle sette.
デーヴォ アッリヴァルチ プリーマ デッレ セッテ
La vedrò lì.
ラ ヴェドロー リー

B：では彼女によろしく伝えてください。

La saluti da parte mia.
ラ サルーティ ダ パルテ ミア

Point devo は「私が〜しなければならない」です。他の主語には使えません。Lei「あなた」が主語なら、dovrebbe（ドヴレッベ）と婉曲的に言います。「あなたは明朝7時に出発しなければいけません」は Dovrebbe partire alle sette domani mattina.（ドヴレッベ パルティーレ アッレ セッテ ドマーニ マッティーナ）です。

UNIT 45
CD-45

■教えて欲しい時の表現
〜を教えてください。

2	1
ホテルへどうやって行くのか ドアをどうやって開けるのか これをイタリア語で何と言うのか これをイタリア語でどう発音するのか 事件がどうして起きたのか	教えて ください。

語句を覚えよう！

arrivare アルリヴァーレ 　　all'albergo 　　アッラルベルゴ	ホテルへ行く	girare a destra ジラーレ　ア　デストラ	右へ曲がる
aprire la porta アプリーレ　ラ　ポルタ	ドアを開ける	girare a sinistra ジラーレ　ア　スィニストラ	左へ曲がる
si chiama スィ キアーマ 　　in italiano 　　イニタリアーノ	イタリア語 で言う	andare diritto アンダーレ　ディリット	まっすぐに 行く
si pronuncia スィ プロヌンチャ 　　in italiano 　　イニタリアーノ	イタリア語 で発音する	davanti ダヴァンティ 　　al palazzo 　　アルパラッツォ	ビルの前で
è successo エ スッチェッソ 　　il fatto 　　イルファット	事件が起きた	dietro ディエトロ 　　alla porta 　　アッラ　ポルタ	ドアの後ろで

UNIT 45　Mi sa dire ～？

Mi sa dire +
- come posso arrivare all'albergo?
- come si apre la porta?
- come si chiama questo in italiano?
- come si pronuncia questa in italiano?
- com'è successo il fatto?

mini 会話

A：ホテルへ行く道を教えてください。
Mi sa dire come posso arrivare all'albergo?

B：この道をまっすぐ行って、右側です。
Vada diritto su questa strada, è sulla destra.

Point　Mi sa dire ~ ? は「私に~を言うことができますか」という意味です。Le posso chiedere ~ ?（レ ポッソ キエーデレ）と言っても同じ意味です。ここでも最初に Scusi. と最後に Grazie. を言いましょう。道順の説明によく出てくる「信号」は semaforo（セマーフォロ）と言います。

UNIT 46　●提案の表現
CD-46

～しましょう。

2	1	
食事に	行き	
お茶に	し	
一緒に	出掛け	ましょう。
ちょっと	話をし	
	楽しみ	

語句を覚えよう！

andare a mangiare アンダーレ ア マンジャーレ	食事に行く	andare al karaoke-bar アンダーレ アル カラオケ バール	カラオケに行く
prendere un caffè プレンデレ ウン カッフェ	コーヒーを飲む	andare a fare le spese アンダーレ ア ファーレレ スペーゼ	ショッピングに行く
uscire insieme ウシーレ インスィエーメ	一緒に出掛ける	studiare insieme ストゥディアーレ インスィエーメ	一緒に勉強する
parlare un po' パルラーレ ウン ポ	ちょっと話をする	tornare in Giappone トルナーレ イン ジャッポーネ	日本に帰る
divertirsi ディヴェルティルスィ	楽しむ	andare in camera mia アンダーレ イン カメラ ミア	私の部屋に行く

UNIT 46　-iamo.

1	2
Andiamo アンディアーモ	**a mangiare.** ア マンジャーレ
Prendiamo プレンディアーモ	**un caffè.** ウン カッフェ
Usciamo ウシアーモ	**insieme.** インスィエーメ
Parliamo パルリアーモ	**un po'.** ウン ポ
Andiamo アンディアーモ	**a divertirci!** ア ディヴェルティルチ

（1 + 2）

mini 会話

A：食事に行きましょう。　Andiamo a mangiare.
アンディアーモ ア マンジャーレ

B：何を食べましょうか。　Che cosa mangiamo?
ケ コザ マンジャーモ

A：中華料理はいかがですか。　Le va la cucina cinese?
レ ヴァ ラ クチーナ チネーゼ

B：簡単な軽いものがいいです。　Preferisco qualcosa di
プレフェリスコ クワルコーザ ディ
leggero e semplice.
レッジェーロ エ センプリチェ

Point　「～しましょう」と言われたらまず、Sì, volentieri.（スィ ヴォレンティエーリ）「はい、喜んで」か、No, grazie.（ノ グラーツィエ）「いいえ、ありがとう」をはっきり言うことが大事です。それから自分の希望を述べて、あわないようなら改めて断っても失礼ではありません。

UNIT 47
CD-47

● 方法の尋ね方
どうやって〜するのですか。

1	3	2
どうやって	公衆電話をかける プラザホテルへ行く タクシーを拾う 自動販売機で買う イタリアでは英語を勉強する	のですか。

語句を覚えよう！

usare il telefono pubblico ウザーレ イル テレフォノ プッブリコ	公衆電話を かける	risparmiare リスパルミアーレ	お金を貯める
arrivare all'hotel アルリヴァーレ アッロテル	ホテルへ行く	richiedere リキエーデレ	申し込む
prendere un taxi プレンデレ ウン タクスィ	タクシーを拾う	ordinare オルディナーレ	注文する
usare il distributore automatico ウザーレ イル ディストリブトーレ アウトマティコ	自動販売機で買う	comprare un biglietto コンプラーレ ウン ビリエット	切符を買う
studiare l'inglese ストゥディアーレ リングレーゼ	英語を勉強する	comunicare コムニカーレ	連絡をとる

UNIT 47　Come ～ ?
CD-47

1+2　　　　　　　　　　　　　**3**

Come
コメ

+

si usa il telefono pubblico?
スィ ウーザ イル テレフォノ　　プッブリコ

si arriva all'Hotel Plaza?
スィ アルリーヴァ アッロテル　　プラザ

si prende un taxi?
スィ プレンデ　　ウン タクスィ

si usa il distributore automatico?
スィ ウーザ イル ディストリブトーレ　　アウトマティコ

si studia l'inglese in Italia?
スィ ストゥーディア リングレーゼ　　イニターリア

mini 会話

A：どうやって公衆電話を
かけるの？

Come si usa il telefono
コメ　　スィ ウーザ イル テレフォノ
pubblico?
プッブリコ

B：カードの隅を切り取って
差し込んでから、番号を
押します。

Strappi l'angolo della carta
ストラッピ　　ランゴロ　　デッラ　　カルタ
telefonica, la inserisca,
テレフォニカ　　ラ インセリスカ
e poi componga il numero.
エ ポイ　　コンポンガ　　イル ヌーメロ

Point　si+ 動詞の三人称は「(一般的に) 人が～する」という言い方で、日本語と感覚が似ています。イタリアは日本と比べると自動化・機械化はあまり進んでおらず、自動販売機もあまり見かけません。地下鉄に自動券売機がありますが、日本と違っておつりが出ないので気をつけましょう。

UNIT 48
CD-48

■ 依頼・何かを勧める時の表現

どうぞ〜してください。

1	2
どうぞ	急いでください。 ここで止まってください。 お釣はとっておいてください。 くつろいでください。 休んでください。

語句を覚えよう！

affrettarsi アッフレッタルスィ	急ぐ	scendere シェンデレ	降りる
fermarsi qui フェルマルスィ クイ	ここで止まる	aiutare アイウターレ	助ける
tenere il resto テネーレ イル レスト	お釣をとる	entrare エントラーレ	入る
accomodarsi アッコモダルスィ	くつろぐ	andare all'aeroporto アンダーレ アッラエロポルト	空港へ行く
riposarsi リポザルスィ	休む	chiamare l'ambulanza キアマーレ ランブランツァ	救急車を呼ぶ

UNIT 48 Prego, 〜.

1   **2**

Prego,
プレーゴ
+
si affretti.
スィ アッフレッティ
si fermi qui.
スィ フェルミ クイ
tenga il resto.
テンガ イル レスト
si accomodi.
スィ アッコモディ
si riposi.
スィ リポーズィ

mini 会話

A：時間がありません。
どうぞ急いでください。
C'è poco tempo.
チェ ポコ テンポ
Prego, si affretti.
プレーゴ スィ アッフレッティ

B：それは大変だ。すぐに空港へ行ってください。
Mamma mia! Ci porti subito all'aeroporto.
マンマ ミーア チ ポルティ スビト アッラエロポルト

Point affrettarsi, fermarsi, accomodarsi, riposarsi などは不定形と言って、辞書の見出しに出る形（英語で言う原形）です。主語が「私は」なら mi affretto, mi fermo, mi accomodo, mi riposo と活用します。イタリアの救急車は車の正面に AMBULANZA の文字が "AƵNAJUBMA" と、裏返しに書いてあります。これは、他の車がバックミラーに映ったのを見てわかりやすいように、だそうです。

UNIT 49
CD-49

● タクシーの中で

～で降ります。

	2		1
	ここ 次の信号 次の交差点 角のところ 次の通り	で	降ります。

語句を覚えよう！

qui クイ	ここで	la strada ラ ストラーダ è sbagliata エ ズバリアータ	道が違う
al prossimo アル プロッスィモ semaforo セマーフォロ	次の信号で	ingorgo 🔊 インゴルゴ di traffico ディ トラッフィコ	交通渋滞
al prossimo アル プロッスィモ incrocio インクローチョ	次の交差点で	fare un giro ファーレ ウン ジーロ lungo ルンゴ	迂回する
all'angolo アッランゴロ	角のところで	c'è traffico チェ トラッフィコ intenso インテンソ	道路が 　混雑する
alla prossima アッラ プロッスィマ strada ストラーダ	次の通りで	incidente 🔊 インチデンテ stradale ストラダーレ	交通事故

UNIT 49 / CD-49

Scendo 〜.

1 **Scendo** シェンド

+

2
- qui. クイ
- al prossimo semaforo. アル プロッスィモ セマーフォロ
- al prossimo incrocio. アル プロッスィモ インクローチョ
- all'angolo. アッランゴロ
- alla prossima strada. アッラ プロッスィマ ストラーダ

mini 会話

A：ここで降ります。　　　　　　Scendo qui.
　　　　　　　　　　　　　　　シェンド　クイ

　　いくらですか。　　　　　　　Quanto viene?
　　　　　　　　　　　　　　　クワント　ヴィエネ

B：9ユーロです。　　　　　　　Nove euro.
　　　　　　　　　　　　　　　ノーヴェ　エウロ

A：お釣りはとっておいてください。Tenga il resto, prego.
　　　　　　　　　　　　　　　テンガ　イル　レスト　プレーゴ

Point タクシーのドアは日本と違って乗客が開け閉めします。Scendo qui. と言って止まってもらって料金を払ったら、ドアを自分で開けて降ります。チップのことは mancia（マンチャ）と言いますが、わざわざチップとして渡さなくても、支払った金額の端数を取ってもらうくらいでいいでしょう。降車したら、ドアを閉めるのも忘れずに。

113

UNIT 50 — 目的地を探す
CD-50

私は〜を探しています。

1	2		3
私は	バール / 自分の部屋 / 警察署 / スーパー / ブティック	を	探しています。

語句を覚えよう！

bar ♠ バール	バール	parrucchiere ♠ パルルッキエーレ	美容院
mia camera ミア カメラ	自分の部屋	barbiere ♠ バルビエーレ	理髪店
polizia ♡ ポリツィーア	警察署	locale ♠ notturno ロカーレ ノットゥルノ	ナイトスポット
supermercato ♠ スペルメルカート	スーパーマーケット	mercato ♠ メルカート	市場
negozio ♠ ネゴーツィオ d'abbigliamento ダッビリアメント	ブティック	ufficio ♠ ウッフィーチョ informazioni インフォルマツィオーニ	案内所

UNIT 50 — CD-50

Sto cercando 〜.

1+3　　　　　　　　　　　　　　**2**

Sto cercando
ストチェルカンド

\+

un bar.
ウン　バール

la mia camera.
ラ　ミア　カメラ

la polizia.
ラ　ポリツィーア

un supermercato.
ウン　スペルメルカート

un negozio d'abbigliamento.
ウン　ネゴーツィオ　ダッビリアメント

mini 会話

A：私は、バールを探しているのですが。
　　Sto cercando un bar.
　　ストチェルカンド　ウン　バール

B：この道沿いの右側に１軒ありますよ。
　　Ce n'è uno lungo questa
　　チェ　ネ　ウノ　ルンゴ　クエスタ
　　strada sulla destra.
　　ストラーダ　スッラ　デストラ

Point sto（不定形は stare）+ -ndo で「私は〜している」という意味です。「あなたは探している」は sta cercando（スタ チェルカンド）と言います。お店によっては構えが地味だったり中が見えにくかったりするので、前を通ってもわからなかったり、開いていても閉まっているように見えたりすることもあります。

UNIT 51　■嗜好を尋ねる時
～は好きですか。

2		1
スポーツ / 映画 / サッカー / 音楽 / 犬	は	好きですか。

語句を覚えよう！

sport ♠ スポルト	スポーツ	jogging ♠ ジョギング	ジョギング
cinema ♠ チネマ	映画	karaoke ♠ カラオケ	カラオケ
calcio ♠ カルチョ	サッカー	escursione ♥ エスクルスィオーネ	ハイキング
musica ♥ ムズィカ	音楽	leggere ♠ レッジェレ	読書
cane ♠ カーネ (cani（複）) カーニ	犬	gatto ♠ ガット (gatti（複）) ガッティ	猫

UNIT 51　Le piace / piacciono 〜 ?
CD-51

1

Le piace
レ　ピアーチェ

Le piacciono
レ　ピアッチョノ

2

+

lo sport?
ロ　スポルト

il cinema?
イル チネマ

il calcio?
イル カルチョ

la musica?
ラ　ムズィカ

i cani?
イ カーニ

mini 会話

A：映画は好きですか。
Le piace il cinema?
レ　ピアーチェ イル チネマ

B：ええ、大好きです。あなたは？
Sì, molto. E Lei?
スィ モルト　エ レイ

A：私は音楽が好きです。
A me piace la musica.
ア メ　ピアーチェ ラ　ムズィカ

どんな映画が好きなんですか。
Che tipo di film Le
ケ　ティーポ ディ フィルム レ
piace?
ピアーチェ

B：ミステリーが好きです。
Mi piacciono i film gialli.
ミ　ピアッチョノ　イ フィルム ジャッリ

Point　日本の映画館では外国映画は sottotitoli「字幕スーパー」が普通ですが、イタリアではほとんどが doppiato「吹き替え」です。上映時間も遅く、週末などは真夜中までやっています。映画に限らず、日本の観客はおとなしいとよく言われますが、イタリア人は非常に熱心に画面にも反応するようですから、静かに映画を観たい人は避けた方がよいかもしれません。

UNIT 52　■嗜好の表現
CD-52

私は〜が好きです／嫌いです。

1	2		3
私は	パスタ ハム 肉 野菜 フライ	が	好きです。 嫌いです。

語句を覚えよう！

pasta ♡ パスタ	パスタ	vino ♠ ヴィーノ	ワイン
prosciutto ♠ プロシュット	ハム	piatto piccante ピアット　ピッカンテ	辛い料理
carne ♡ カルネ	肉	dolce ♠ ドルチェ (dolci（複）) ドルチ	甘いもの
verdura ♡ ヴェルドゥーラ (verdure（複）) ヴェルドゥーレ	野菜	insalata ♡ インサラータ	サラダ
fritto ♠ フリット (fritti（複）) フリッティ	フライ	frutta ♡ フルッタ	果物

UNIT 52 / CD 52

Mi piace / piacciono ～.
Non mi piace / piacciono ～.

1+3

Mi piace
ミ　ピアーチェ

Non mi piace
ノン　ミ　ピアーチェ

Mi piacciono
ミ　ピアッチョノ

Non mi piacciono
ノン　ミ　ピアッチョノ

+

2

la pasta.
ラ　パスタ

il prosciutto.
イル プロシュット

la carne.
ラ　カルネ

le verdure.
レ　ヴェルドゥーレ

i fritti.
イ フリッティ

mini 会話

A：食べ物は何が好きですか。
Che cosa Le piace mangiare?
ケ　コザ　レ　ピアーチェ　マンジャーレ

B：肉料理が好きです。
Mi piace la carne.
ミ　ピアーチェ ラ　カルネ

A：私は肉は嫌いです。
La carne non mi piace.
ラ　カルネ　ノン　ミ　ピアーチェ

野菜が好きです。
Mi piacciono le verdure.
ミ　ピアッチョノ　レ　ヴェルドゥーレ

Point 複数形の名詞について言う時は、piace を piacciono に換えます。イタリア人は、なんでも食べるのがよいとか、残さず食べるのがよいなどとは、日本人ほどには思っていないようです。大事なのは食事が楽しいこととか、自分にとって美味しいことで、フォークとナイフの持ち方や使い方、お皿に残ったソースをパンで拭うのはよいか悪いか、などもあまり気にしなくていいようです。食べる前の挨拶は Buon appetito!（ブオン アッペティート）「よい食欲を！」です。

UNIT 53
CD-53

■「見たい」と頼む時
〜を見せてください。

2		1
あれ もっと安い物 もっと大きい物　を もっと小さい物 これ全部		（私に） 見せてください。

語句を覚えよう！

quello/la クエッロ/ラ	あれ	un altro ウナルトロ / un'altra / ウナルトラ	別の物
uno/na ウノ/ナ　meno caro/ra 　　　メノ　　カーロ/ラ	もっと 　安い物	uno/na vistoso/sa ウノ/ナ　　ヴィストーソ/ザ	派手な物
uno/na ウノ/ナ　più grande 　　　ピュー グランデ	もっと 　大きい物	uno/na semplice ウノ/ナ　　センプリチェ	地味な物
uno/na ウノ/ナ　più piccolo 　　　ピュー ピッコロ	もっと 　小さい物	uno/na elegante ウノ/ナ　　エレガンテ	上品な物
tutti questi トゥッティ クエスティ	これを全部	uno/na buono/na ウノ/ナ　　ブオーノ/ナ	いい物

UNIT 53 — Vorrei vedere 〜.

1

Vorrei vedere
ヴォルレイ　ヴェデーレ

+

2

quello/la.
クエッロ/ラ

uno/na meno caro/ra.
ウノ/ナ　メノ　カーロ/ラ

uno/na più grande.
ウノ/ナ　ピュー　グランデ

uno/na più piccolo/la.
ウノ/ナ　ピュー　ピッコロ/ラ

tutti questi.
トゥッティ　クエスティ

mini 会話

A：あまり高くないバッグを見せてください。
Vorrei vedere una borsetta non molto cara.
ヴォルレイ　ヴェデーレ　ウナ　ボルセッタ　ノン　モルト　カーラ

B：はい、どうぞ。
Sì, eccola.
スィ　エッコラ

A：もっとよい物を見せてください。
Vorrei vedere una migliore, per favore.
ヴォルレイ　ヴェデーレ　ウナ　ミリオーレ　ペル　ファヴォーレ

Point Vorrei 〜 は「〜したい」という意味で、お店での買物では一般的な言い方です。Vorrei vedere quelle scarpe marroni in vetrina.「ウインドーの中の茶色の靴が見たい」とか、Vorrei vedere una camicia rossa.「赤いシャツが見たい」と、具体的に希望を伝えるとお店の人もいろいろ見せてくれます。

UNIT 54 CD-54

■ 丁寧に「見たい」と頼む時

～を見せていただけますか。

2		1
パンフレット / カタログ / 見本 / 今日の新聞 / 中味	を	見せていただけますか。

語句を覚えよう！

opuscolo ♠ オプスコロ	パンフレット	rivista ♥ リヴィスタ	雑誌
catalogo ♠ カタロゴ	カタログ	biglietto ♠ ビリエット	伝票
campione ♠ カンピオーネ	見本	conto ♠ コント	請求書
giornale ♠ ジョルナーレ di oggi ディ オッジ	今日の新聞	pianta ♥ ピアンタ della città デッラ チッタ	市内地図
contenuto ♠ コンテヌート	中味	orario ♠ オラーリオ	時刻表

UNIT 54 CD-54
Posso vedere 〜?

1 **2**

Posso vedere
ポッソ　　　ヴェデーレ

+

un opuscolo?
ウノプスコロ
un catalogo?
ウン　カタロゴ
un campione?
ウン　カンビオーネ
il giornale di oggi?
イル ジョルナーレ　　ディ オッジ
il contenuto?
イル コンテヌート

mini 会話

A：パンフレットを見せて　　Posso vedere un opuscolo?
　　いただけますか。　　　　　ポッソ　　　ヴェデーレ　ウノプスコロ

B：すみません。　　　　　　Mi dispiace,
　　　　　　　　　　　　　　　ミ　　ディスピアーチェ
　　今、ここにはありません。　adesso non ce l'ho.
　　　　　　　　　　　　　　　アデッソ　　　ノン　　チェ ロ

Point Posso 〜? は「私は〜できますか？」という意味ですが、希望の丁寧な言い方になります。肯定の返事なら Certo.（チェルト）「確かに」や Senz'altro.（センツァルトロ）「もちろん」、断る時は Mi dispiace. などと言います。これは「私にとって残念です」という意味です。日本語なら「遺憾ながら」といったところでしょうか。

UNIT 55 ● 能力を聞く表現
〜ができますか。

CD-55

2		1
日本語を話すこと イタリア語を話すこと 漢字を書くこと 水泳 車の運転	が	(あなたは) できますか。

語句を覚えよう！

parlare パルラーレ　il giapponese イル ジャッポネーゼ	日本語を話す	cantare カンターレ	歌う
parlare パルラーレ　l'italiano リタリアーノ	イタリア語を話す	suonare スオナーレ　la chitarra ラ　キタルラ	ギターを弾く
scrivere スクリーヴェレ　i kanji イ カンジ	漢字を書く	ballare バッラーレ	踊る
nuotare ヌオターレ	水泳をする	parlare パルラーレ　l'inglese リングレーゼ	英語を話す
guidare グイダーレ　la macchina ラ　マッキナ	車を運転する	giocare a carte ジョカーレ　ア カルテ	トランプをする

UNIT 55 CD-55
Sa 〜 ?

1　　　　　**2**

Sa (サ) +

parlare il giapponese?
パルラーレ　　イル ジャッポネーゼ

parlare l'italiano?
パルラーレ　　リタリアーノ

scrivere i kanji?
スクリーヴェレ　イ カンジ

nuotare?
ヌオターレ

guidare la macchina?
グイダーレ　　ラ マッキナ

mini 会話

A：日本語を話すことができますか。
Sa parlare il giapponese?
サ　パルラーレ　イル ジャッポネーゼ

B：いいえ、できません。
No, non lo so parlare.
ノ　ノン　ロ　ソ　パルラーレ

A：何語を話せますか。
Che lingua sa parlare?
ケ　リングワ　サ　パルラーレ

B：イタリア語と英語です。
So parlare l'italiano e l'inglese.
ソ　パルラーレ　リタリアーノ　エ リングレーゼ

Point sa は sapere という動詞の三人称単数形です。sapere は「（知識として）知っている」という意味ですが、動詞の不定形を伴って「〜する能力がある」というような使い方もします。これに対して「（状況が許して）〜できる」には potere (posso, può) を用います。So nuotare ma oggi non posso, perché fa un po' freddo.（ソ ヌオターレ マ オッジ ノン ポッソ ペルケ ファ ウン ポ フレッド）「泳ぎはできるけど、今日はだめだ。少し寒いから」のような使い方です。

UNIT 56 ●可能／不可能の表現
CD-56

私は〜ができます／できません。

2		1
ラテン語を読む ギリシャ語を書く 韓国語を話す　　ことが パソコンを使う メールを送る		できます。 できません。

語句を覚えよう！

latino ♠ ラティーノ	ラテン語	un po' ウン ポ	少し
greco ♠ グレーコ	ギリシャ語	bene ベーネ	上手に
coreano ♠ コレアーノ	韓国語	piano ピアーノ	ゆっくり
PC ♠ ピースィー	パソコン	da solo/la ダ ソーロ/ラ	ひとりで
posta ♡ ポスタ　elettronica 　　エレットロニカ	Eメール	facilmente ファチルメンテ	簡単に

126

UNIT 56
CD-56
So / Non so 〜.

1	2

So
ソ

Non so
ノン ソ

+

leggere il latino.
レッジェレ　イル ラティーノ

scrivere il greco.
スクリーヴェレ　イル グレーコ

parlare il coreano.
パルラーレ　イル コレアーノ

usare il PC.
ウザーレ　イル ピースィー

mandare posta elettronica.
マンダーレ　　　ポスタ　　エレットロニカ

mini 会話

A：英語は話せますか。　　　Sa parlare l'inglese?
　　　　　　　　　　　　　サ　パルラーレ　リングレーゼ

B：いいえ。イタリア語なら　No, ma so parlare l'italiano
　　　　　　　　　　　　　ノ　マ　ソ　パルラーレ　リタリアーノ

　　少しできます。　　　　un po'.
　　　　　　　　　　　　　ウン ポ

A：じゃ、イタリア語で話し　Allora, parliamo in italiano.
　　ましょう。　　　　　　アッローラ　パルリアーモ　イニタリアーノ

B：ゆっくり話してください。Parli piano, per favore.
　　　　　　　　　　　　　パルリ　ピアーノ　ペル　ファヴォーレ

Point　Parla l'italiano? と聞かれて、自信がないとつい No. と言ってしまいそうですが、ちょっと頑張って So parlare l'italiano un po'. と答えてみましょう。相手の話し方が速ければ Parli piano, per favore. と言ってみましょう。通じれば Parla bene l'italiano. と喜んでくれるはずです。

UNIT 57
CD-57

● 許諾を得る時

〜していいですか。

2	1
トイレをお借りして これを試着して お名前をお伺いして 写真を撮って これをいただいて	（私が） いいですか。

語句を覚えよう！

usare il bagno ウザーレ イル バーニョ	トイレを 借りる	entrare エントラーレ	中に入る
provare questo プロヴァーレ クエスト	これを 試着する	uscire ウシーレ	外に出る
chiedere キエーデレ come si chiama コメ スィキアーマ	あなたの 名前を聞く	accompagnarLa アッコンパニャルラ	ご一緒する
fare ファーレ una fotografia ウナ フォトグラフィーア	写真を撮る	sedermi qui セデルミ クイ	ここに座る
prendere questo プレンデレ クエスト	これを貰う （いただく）	fumare qui フマーレ クイ	ここで たばこを吸う

UNIT 57 — Posso 〜?

Posso (ポッソ) +
- usare il bagno? (ウザーレ イル バーニョ)
- provare questo? (プロヴァーレ クエスト)
- chiedere come si chiama? (キエーデレ コメ スィ キアーマ)
- fare una fotografia? (ファーレ ウナ フォトグラフィーア)
- prendere questo? (プレンデレ クエスト)

mini 会話

A：トイレをお借りしてもいいですか。
Posso usare il bagno?
ポッソ ウザーレ イル バーニョ

B：どうぞ、あちらです。
Sì, prego. È di là.
スィ プレーゴ エ ディ ラ

A：写真を撮ってもいいですか。
Posso fare una fotografia?
ポッソ ファーレ ウナ フォトグラフィーア

B：すみませんが、だめです。
Mi dispiace, ma non si può.
ミ ディスピアーチェ マ ノン スィ プオ

Point bar などでは、トイレの入り口に鍵がかかっていることもあるので、場所がわかっていても、店員に一声かけてから行った方がいいでしょう。「座ってもいいですか」と聞きたい時に sedermi が思い出せなければ、場所を指して Posso? と言うだけでも通じます。たばこを吸いたい時には、そばにいる人に吸ってもいいか尋ねるのが、イタリアでもマナーです。

UNIT 58 — 禁止の表現
〜しないでください。

2	1
それに触れ 立ち止まら 近寄ら 道に迷わ 走ら	ないでください。

語句を覚えよう！

lo toccare ロ トッカーレ	それに触る	precipitarsi プレチピタルスィ	あわてる
fermarsi フェルマルスィ	立ち止まる	dimenticare il passaporto ディメンティカーレ イル パッサポルト	パスポートを忘れる
avvicinarsi アッヴィチナルスィ	近寄る	parlare alto パルラーレ アルト	大声でしゃべる
perdersi ペルデルスィ	道に迷う	bere l'acqua corrente ベーレ ラックワ コルレンテ	生水を飲む
correre コルレレ	走る	litigarsi リティガルスィ	けんかする

UNIT 58
CD-58
Non 〜 !

1		2

Non
ノン

+

lo tocchi!
ロ トッキ
si fermi!
スィ フェルミ
si avvicini!
スィ アッヴィチーニ
si perda!
スィ ペルダ
corra!
コルラ

mini 会話

A：私に触らないでください。　Non mi tocchi.
　　　　　　　　　　　　　　　ノン　ミ　トッキ
B：ごめんなさい。　　　　　　Mi scusi.
　　　　　　　　　　　　　　　ミ　スクーズィ

A：大声でしゃべらないでください。 Non parli a voce alta.
　　　　　　　　　　　　　　　　　ノン　パルリ　ア　ヴォーチェ　アルタ
　子どもが寝ていますので。　　　　Il mio bambino sta dormendo.
　　　　　　　　　　　　　　　　　イル ミオ　バンビーノ　スタ ドルメンド

Point 上にあげたのは、「あなた」に向かって丁寧に言う表現です。美術館などでは Non si tocca.（ノン スィ トッカ）「触らないでください（直訳＝「（ここでは）触ることは禁止されています」）」と注意されることもあります。

UNIT 59
CD-59

■ 希望を伝える表現
～をお願いします。

1		2
両替 お勘定（お支払い） ミネラルウォーター 　　　　　（炭酸抜き） カプチーノ 日本へ電話	を	お願いします。

語句を覚えよう！

cambio カンビオ	両替	servizio in camera セルヴィーツィオ　イン カメラ	ルームサービス
conto コント	勘定	prenotazione d'albergo プレノタツィオーネ　ダルベルゴ	ホテルの予約
acqua minerale senza gas アックワ ミネラーレ センツァ ガス	ミネラルウォーター(炭酸抜き)	cambiamento di prenotazione カンビアメント ディ プレノタツィオーネ	予約の変更
cappuccino カップッチーノ	カプチーノ	cancellazione di prenotazione カンチェッラツィオーネ ディ プレノタツィオーネ	予約の取消
telefonata per il Giappone テレフォナータ ペル イル ジャッポーネ	日本へ電話	all'aeroporto アッラエロポルト	空港まで

UNIT 59
CD-59
～ , per favore.

1

Cambio,
カンビオ

Il conto,
イル コント

Acqua minerale senza gas,
アックワ　ミネラーレ　センツァ　ガス

Cappuccino,
カップッチーノ

Telefonata per il Giappone,
テレフォナータ　　　ペル　イル ジャッポーネ

+

2

per favore.
ペル　ファヴォーレ

mini 会話

A：1万円をユーロに両替お願いします。
Cambio di dieci mila yen in euro, per favore.
カンビオ　ディ ディエチ ミーラ イェン イネウロ　ペル　ファヴォーレ

B：68 ユーロ 50 セントです。どうぞ。
Sessantotto euro e cinquanta centesimi. Ecco a Lei.
セッサントット　エウロ　エ チンクワンタ チェンテズィミ　エッコ　ア レイ

A：ありがとう。さようなら。
Grazie. ArrividerLa.
グラーツィエ　アルリヴィデルラ

Point per favore はつけるだけで「お願いします」の意味になる便利な言葉です。もとの意味は「好意によって」ですが、同じ意味で per piacere（ペル ピアチェーレ）、地域によっては per cortesia（ペル コルテズィーア）などとも言います。ecco は人に物を差し出す時に使う、「はい」という言葉です。

UNIT 60
CD-60

● 希望を聞く表現

〜したいですか。

2

サッカーの試合を観

オペラを観

カプリ島へ行き

日本へ行き

地元の料理を食べ

1

（あなたは）
たいですか。

語句を覚えよう！

vedere una partita di calcio ヴェデーレ ウナ パルティータ ディ カルチョ	サッカーの試合を観る	viaggiare nei paesi stranieri ヴィアッジャーレ ネイ パエーズィ ストラニエーリ	海外旅行する
vedere l'opera lirica ヴェデーレ ロペラ リリカ	オペラを観る	viaggiare nel paese ヴィアッジャーレ ネル パエーゼ	国内旅行する
visitare l'isola di Capri ヴィズィターレ リーゾラ ディ カプリ	カプリ島へ行く	Sicilia シチーリア	シチリア
visitare il Giappone ヴィズィターレ イル ジャッポーネ	日本へ行く	Sardegna サルデーニャ	サルデーニャ
mangiare cucina locale マンジャーレ クチーナ ロカーレ	地元の料理を食べる	Corsica コルシカ	コルシカ島

134

UNIT 60 CD-60 Vuole 〜 ?

1 **2**

Vuole
ヴォーレ

+

vedere una partita di calcio?
ヴェデーレ　ウナ　パルティータ　ディ　カルチョ

vedere l'opera lirica?
ヴェデーレ　ロペラ　リリカ

visitare l'isola di Capri?
ヴィズィターレ　リーゾラ　ディ　カプリ

visitare il Giappone?
ヴィズィターレ　イル ジャッポーネ

mangiare cucina locale?
マンジャーレ　クチーナ　ロカーレ

mini 会話

A：シチリアへ行きたいですか。　Vuole visitare la Sicilia?
　　　　　　　　　　　　　　　　ヴォーレ　ヴィズィターレ ラ シチーリア
B：はい、でもサルデーニャへも　Si, ma vorrei visitare anche
　　　　　　　　　　　　　　　　スィ　マ　ヴォルレイ　ヴィズィターレ アンケ
　　　行きたいです。　　　　　　　la Sardegna.
　　　　　　　　　　　　　　　　ラ　サルデーニャ

Point シチリア島には昔からギリシャ、ノルマン、イスラムなど様々な文化が栄えて、今でもその痕跡(こんせき)が残っています。Stretto di Messina「メッシーナ海峡」を挟んで、イタリア半島からも見えるほどの近さなので、ぜひ訪ねてみたい場所です。サルデーニャ島はイタリア半島から遠い分、独自の文化や古代の遺跡が保存され、イタリア国内でも独特の地域とされています。

UNIT 61 ■感情・状況の表現
CD-61
私は〜です。

1	2	3
私は	嬉しい	です。
	感激してい	ます。
	忙しい	です。
	悲しい	です。
	寂しい	です。

語句を覚えよう！

felice フェリーチェ	嬉しい	interessarsi インテレッサルスィ	興味がある
commosso/sa コンモッソ/サ	感動している	emozionato/ta エモツィオナート/タ	興奮している
occupato/ta オックパート/タ	忙しい	essere nei guai エッセレ ネイ グワイ	困っている
triste トリステ	悲しい	contento/ta コンテント/タ	満足している
sentirsi solo/la センティルスィ ソーロ/ラ	寂しい	avere paura アヴェーレ パウーラ	怖い

UNIT 61 — CD-61

Sono / Mi ～.

1+3

Sono
ソノ

Mi
ミ

2

felice.
フェリーチェ

commosso/sa.
コンモッソ/サ

occupato/ta.
オックパート/ダ

triste.
トリステ

sento solo/la.
セント　ソーロ/ラ

mini 会話

A：ここに来て嬉しいですか。
È contento di stare qui?
エ　コンテント　ディ スターレ　クイ

B：本当に嬉しいです。
Sì, sono veramente felice.
スィ　ソノ　ヴェラメンテ　フェリーチェ

でも、毎日観光で忙しいです。
Ma sono occupato a visitare i monumenti tutti i giorno.
マ　ソノ　オックパート　ア　ヴィズィターレ　イ モヌメンティ　トゥッティ イ ジョルニ

Point Sono ~. の ~ には形容詞が入り、Mi ~. の形は再帰動詞と言います。イタリア人にCome si trova in Italia? (コメ スィ トローヴァ イニタリア)「イタリアはいかがですか」と尋ねられたら、Benissimo. Sono felice di stare in Italia. (ベニッスィモ ソノ フェリーチェ ディ スターレ イニタリア)「とても素敵です。イタリアに来て楽しいです」と答えられるといいですね。

UNIT 62　容姿の表現
CD-62
あなたは〜ですね。

1	3	2
あなたは	美しい / かっこいい / ハンサム / スリム / 色っぽい	ですね。

語句を覚えよう！

bella ベッラ	美しい	intelligente インテッリジェンテ	知的な
di bell'aspetto ディ ベッラスペット	かっこいい	furbo/ba フルボ/バ	ずるい
bello ベッロ	ハンサムな	sfacciato/ta スファッチャート/タ	なまいきな
snello/la ズネッロ/ラ	スリムな	borioso/sa ボリオーソ/ザ	ツンとしている
provocante プロヴォカンテ	色っぽい	grasso/sa グラッソ/サ	太っている

UNIT 62 Lei è ～.

Lei (レイ) + **è** (エ) +
- **bella.** ベッラ
- **di bell'aspetto.** ディ ベッラスペット
- **bello.** ベッロ
- **snello/la.** ズネッロ/ラ
- **provocante.** プロヴォカンテ

mini 会話

A： あなたは、きれいで知的ですね。　Lei è bella e intelligente.
レイ エ ベッラ エ インテッリジェンテ

B： ありがとうございます。　Grazie.
グラーツィエ

あなたは、ハンサムですね。　Anche Lei è bello.
アンケ レイ エ ベッロ

Point 大人の女性を褒める時には bella ですが、ひところ日本ではやった「美少女」は、「小さい、かわいらしい」という意味の -ina をつけて bellina（ベッリーナ）となります。趣が変わって「かわいい」は carina（カリーナ）と言います。日本人はたいてい若く見られるので、大人の女性でも carina と言われることが多いようです。

UNIT 63　性格・性質の表現
彼／彼女は〜です。

1	2	3
彼は 彼女は	若い （背が）高い 親切 利口 かわいい	です。

語句を覚えよう！

giovane ジョーヴァネ	若い	vecchio/a ヴェッキオ/ア	老いた
alto/ta アルト/タ	（背が）高い	magro/ra マグロ/ラ	痩せている
gentile ジェンティーレ	親切な	bello/la ベッロ/ラ	きれいな
spiritoso/sa スピリトーゾ/ザ	頭がいい	intelligente インテッリジェンテ	賢い
carino/na カリーノ/ナ	かわいい	arrogante アッロガンテ	横柄な

UNIT 63　È 〜．
CD-63

1+3		2
È エ	＋	**giovane.** ジョーヴァネ **alto/ta.** アルト/タ **gentile.** ジェンティーレ **spiritoso/sa.** スピリトーゾ/ザ **carino/na.** カリーノ/ナ

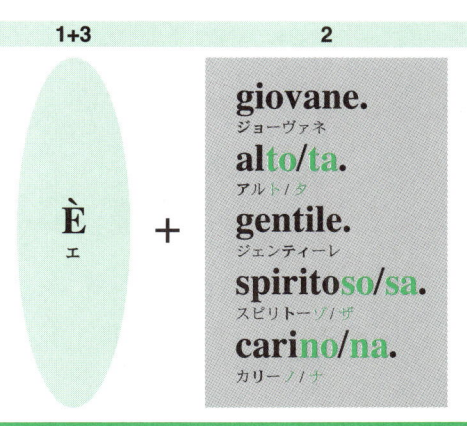

mini 会話

A：彼は親切ですね。　　　　　Lui è gentile.
　　　　　　　　　　　　　　　ルイ　エ　ジェンティーレ
B：彼女は若くてかわいい。　　Lei è giovane e carina.
　　　　　　　　　　　　　　　レイ　エ　ジョーヴァネ　エ　カリーナ

A：私の父は太っているけれど　Mio padre è grasso, ma
　　　母は痩せています。　　　　ミオ　パードレ　エ　グラッソ　マ
　　　　　　　　　　　　　　　mia madre è magra.
　　　　　　　　　　　　　　　ミア　マードレ　エ　マグラ
B：私の母は背が高いわ。　　　Mia madre è alta.
　　　　　　　　　　　　　　　ミア　マードレ　エ　アルタ

Point　イタリア語でよく使う褒め言葉は bello/la, carino/na, gentile, bravo/va などです。bravo/va（ブラーヴォ/ヴァ）は、日常では「すごい！」とか「えらい！」と言いたい場面で使われます。もちろん、劇場でもおなじみの言葉ですが、歌手が女性1人なら brava、男性と女性なら bravi（ブラーヴィ）、女性2人なら brave（ブラーヴェ）と語尾を変化させることをお忘れなく。

UNIT 64
CD-64

■ 状態を聞く表現
（あなたは）〜ですか。

1	2	3
（あなたは）	大丈夫 具合が悪い お疲れ 今晩お暇 空腹	ですか。

語句を覚えよう！

stare bene スターレ ベーネ	大丈夫	avere sete アヴェーレ セーテ	のどが渇く
stare male スターレ マーレ	具合が悪い	avere la febbre アヴェーレ ラ フェッブレ	熱がある
essere stanco/ca エッセレ スタンコ/カ	疲れている	avere mal di 〜 アヴェーレ マル ディ	〜が痛い
essere libero/ra エッセレ リーベロ/ラ	暇な （暇がある）	soffrire di 〜 ソッフリーレ ディ	〜で苦しむ
avere fame アヴェーレ ファーメ	空腹だ （お腹がすく）	avere sonno アヴェーレ ソンノ	眠い

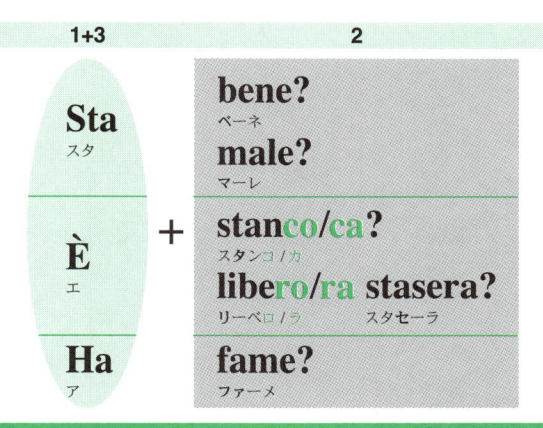

UNIT 64 CD-64 — Sta / È / Ha ～ ?

Sta スタ
È エ
Ha ア

\+

- bene? ベーネ
- male? マーレ
- stanco/ca? スタンコ/カ
- libero/ra stasera? リーベロ/ラ スタセーラ
- fame? ファーメ

mini 会話

A：大丈夫ですか。 Sta bene?
 スタ ベーネ

B：私は大丈夫です。あなたは？ Io sto bene. E Lei?
 イオ スト ベーネ エ レイ

A：私も大丈夫です。 Anch'io sto bene.
 アンキオ スト ベーネ

Point　「私は気分が悪い」は Sto male.（スト マーレ）の他に Mi sento male.（ミ セント マーレ）とも言います。「船 [車] 酔い」は mal di mare[macchina]（マル ディ マーレ [マッキナ]）です。

UNIT 65
CD-65

■ 天候の表現（1）

（天気が）〜ですね。

1	2	3
（天気が）	いい 暖かい 暑い 寒い 涼しい	ですね。

語句を覚えよう！

fa bel tempo ファ ベル テンポ	（天気が） いい	l'aria è umida ラリア エ ウミダ	湿気がある
fa caldo ma ファ カルド マ non troppo ノン トロッポ	暖かい	l'aria è secca ラリア エ セッカ	乾燥している
fa caldo ファ カルド	暑い	sta piovendo スタ ピオヴェンド	雨が 降っている
fa freddo ファ フレッド	寒い	è nuvoloso エ ヌヴォローゾ	曇っている
fa fresco ファ フレスコ	涼しい	sta nevicando スタ ネヴィカンド	雪が 降っている

UNIT 65 Fa 〜．

1+3	2
Fa ファ +	**bel tempo.** ベル テンポ **caldo ma non troppo.** カルド マ ノン トロッポ **caldo.** カルド **freddo.** フレッド **fresco.** フレスコ

mini 会話

A：今日は、天気がいいですね。　Oggi fa bel tempo.
　　　　　　　　　　　　　　　オッジ ファ ベル テンポ

B：明日の天気はどうなんでしょう。　Che tempo farà domani?
　　　　　　　　　　　　　　　　　ケ　テンポ　ファラ　ドマーニ

A：雨だそうです。　Dicono che pioverà.
　　　　　　　　　ディーコノ　ケ　ピオヴェラ

Point イタリア語には「暖かい」という言葉がありません。気候に限らず、お湯や食べ物も「熱い」と同じcaldoを用います。ここで出したcaldo ma non troppo は「暑すぎない」という意味です。「今日の天気はどうですか」は Che tempo fa oggi?（ケ テンポ ファ オッジ）と言います。

UNIT 66 天候の表現（2）
～（な天気）になりそうですね。

1	3	2
明日は 午後は あさっては 週末は 今日は	悪天候 いい天気 嵐 晴れ 曇り	になりそう 　　ですね。

語句を覚えよう！

cattivo カッティーヴォ	悪天候の	meteo メテオ	天気予報
bello ベッロ	いい天気の	bassa pressione バッサ　プレッスィオーネ	低気圧
burrascoso ブルラスコーゾ	嵐の	alta pressione アルタ　プレッスィオーネ	高気圧
sereno セレーノ	晴れた	fresco フレスコ	さわやかな
nuvoloso ヌヴォローゾ	曇りの	temporale テンポラーレ	にわか雨

UNIT 66 CD-66 Il tempo sarà ～.

1	2	3
Domani ドマーニ		**cattivo.** カッティーヴォ
Nel pomeriggio ネル ポメリッジョ		**bello.** ベッロ
Dopodomani ドーポドマーニ	+ **il tempo sarà** イル テンポ サラ +	**burrascoso.** ブルラスコーゾ
Il fine settimana イル フィーネ セッティマーナ		**sereno.** セレーノ
Oggi オッジ		**nuvoloso.** ヌヴォローゾ

mini 会話

A：明日は大雨になりそうですね。　Domani pioverà forte.
　　　　　　　　　　　　　　　　ドマーニ　ピオヴェラ　フォルテ

B：嫌ですね。どうしよう。　　　　Dio mio! Che faremo?
　　　　　　　　　　　　　　　　ディオ ミオ　ケ　ファレーモ

A：あさっては晴れるそうですよ。　Ho sentito che sarà sereno
　　　　　　　　　　　　　　　　オ　センティート ケ　サラ　セレーノ
　　　　　　　　　　　　　　　　dopodomani.
　　　　　　　　　　　　　　　　ドーポドマーニ

B：じゃ、出掛けましょう。　　　　Allora usciremo.
　　　　　　　　　　　　　　　　アッローラ ウシレーモ

Point　「雨が降る」は一語で piovere（ピオーヴェレ）です。当然三人称しかないので、「今」の話なら piove（ピオーヴェ）か sta piovendo（スタ ピオヴェンド）しか言いません。「雪が降る」は nevicare（ネヴィカーレ）で、同様の使い方をします。天気が悪いことを言う時は、brutto（ブルット）「汚い、見苦しい」、cattivo（カッティーヴォ）「ひどい、悪い」などの語を使います。

UNIT 67 — 状態の表現
〜すぎます。

2	1
大き 小さ （値段が）高 遠 豪華	すぎます。

語句を覚えよう！

grande グランデ	大きい	vecchio/a ヴェッキオ/ア	古い
piccolo/la ピッコロ/ラ	小さい	nuovo/va ヌオーヴォ/ヴァ	新しい
caro/ra カーロ/ラ	（価格が）高い	vistoso/sa ヴィストーソ/ザ	派手な
lontano/na ロンターノ/ナ	遠い	semplice センプリチェ	地味な
ricco/ca リッコ/カ	豪華な	vicino/na ヴィチーノ/ナ	近い

UNIT 67 — CD-67
È troppo 〜.

1　**È troppo** （エ トロッポ）

+

2
- **grande.** グランデ
- **picco lo/la.** ピッコロ/ラ
- **caro/ra.** カーロ/ラ
- **lontano/na.** ロンターノ/ナ
- **ricco/ca.** リッコ/カ

mini 会話

A：これはいかがですか。　Le va bene questo?
　　　　　　　　　　　　レ ヴァ ベーネ クエスト

B：高すぎますよ。　È troppo caro.
　　　　　　　　エ トロッポ カーロ

　　お金がありません。　Non ho abbastanza soldi.
　　　　　　　　　　　　ノ ノ アッバスタンツァ ソルディ

A：じゃ、あれはいかがですか。　E quello?
　　　　　　　　　　　　　　　エ クエッロ

B：いらないわ。　No, grazie.
　　　　　　　　ノ グラーツィエ

Point　troppo は「あまりにも〜だ」という意味です。会話では è のない言い方もよく聞かれます。abbastanza は「十分に」という意味で、Non ho abbastanza soldi. は「十分にお金を持っていない」というのが直訳になります。

UNIT 68 風味の表現
(味が) 〜ですね。

2	1
おいしい まずい 辛い 甘い ぬるい	ですね。

語句を覚えよう！

buono/na ブオーノ/ナ	おいしい	aspro/ra アスプロ/ラ	酸っぱい
cattivo/va カッティーヴォ/ヴァ	まずい	amaro/ra アマーロ/ラ	苦い
piccante ピッカンテ	辛い	salato/ta サラート/タ	塩辛い
dolce ドルチェ	甘い	poco saporito/ta ポコ　サポリート/タ	薄い
poco caldo/da ポコ　カルド/ダ	ぬるい	condire コンディーレ	味つけする

UNIT 68
CD-68

È 〜.

1 È + **2**
- buono/na. ブオーノ/ナ
- cattivo/va. カッティーヴォ/ヴァ
- piccante. ピッカンテ
- dolce. ドルチェ
- poco caldo/da. ポコ カルド/ダ

mini 会話

A：お味はいかがですか。　Le piace?
　　　　　　　　　　　　レ ピアーチェ

B：とてもおいしいです。　È buonissimo!
　　　　　　　　　　　　エ ブオニッスィモ

A：よかった。たくさん召し上がってください。　Va bene. Mangialo tutto.
　　　　　　　　　　　　ヴァ ベーネ　マンジャロ　トゥット

B：ありがとうございます。　Grazie mille.
　　　　　　　　　　　　グラーツィエ ミッレ

Point Le piace? は「気に入りましたか」という意味ですが、Mangia bene?（マンジャ ベーネ）「おいしく食べていますか」という表現も、同じ場面でよく使われます。buonissimo は buono の最上級で、「とてもよい」という意味です。「ぬるい」「薄い」の poco は「少ししか〜でない」という否定的な使い方です。

UNIT 69 ■ 物を褒める表現
CD-69
すてきな〜ですね。

| 2 | 3 | 1 |

| すてきな | オーバー
セーター
ネクタイ
スカーフ
シャツ | ですね。 |

語句を覚えよう！

cappotto ♠ カッポット	オーバー	abito ♠ アビト	ドレス
maglione ♠ マリオーネ	セーター	disegno ♠ ディゼーニョ	模様
cravatta ♡ クラヴァッタ	ネクタイ	colore ♠ コローレ	色
sciarpa ♡ シャルパ	スカーフ	oreficeria ♡ オレフィチェリーア	金細工品
camicia ♡ カミーチャ	シャツ	locale ♠ ロカーレ	店

UNIT 69 — Che bel / bella ～!

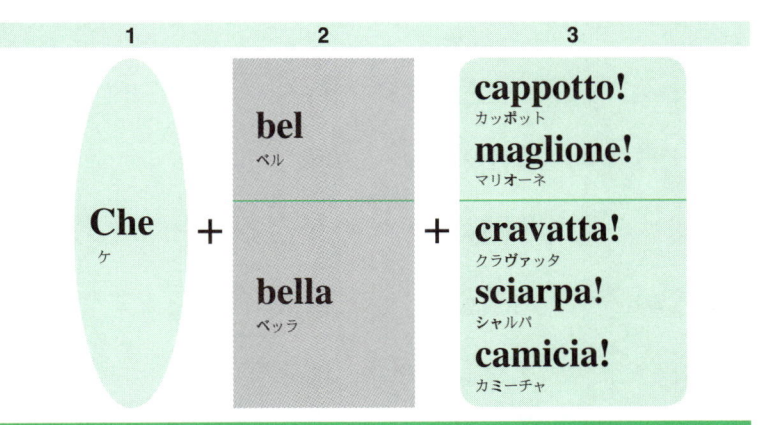

1	2	3
Che (ケ)	**bel** (ベル)	**cappotto!** (カッポット) / **maglione!** (マリオーネ)
	bella (ベッラ)	**cravatta!** (クラヴァッタ) / **sciarpa!** (シャルパ) / **camicia!** (カミーチャ)

mini 会話

A: すてきなネクタイですね！ どこで買ったのですか。
　Che bella cravatta! (ケ ベッラ クラヴァッタ)
　Dove l'ha presa? (ドヴェ ラ プレーザ)

B: スタンダで買いました。 非常に安かったです。
　L'ho comprata alla Standa. (ロ コンプラータ アッラ スタンダ)
　È costata pochissimo. (エ コスタータ ポキッスィモ)

Point 上にあげた物の他に、褒める対象としては scarpe（スカルペ）「靴」もよいポイントですが、scarpe は女性名詞の複数形なので belle（ベッレ）とすることを忘れないようにしましょう。jeans（ジーンズ）なら男性名詞の複数形なので belli（ベッリ）ですが、最初は間違うことをあまり気にせずに、まずは褒めてみましょう。Standa はスーパーマーケットのチェーンです。

UNIT 70 CD-70 ● 予定の表現
〜するつもりです。

1	4	2	3
来月	イタリアへ	行く	
明日	成田を	発つ	
明朝	4時に	起きる	つもりです。
これから	食事に	行く	
卒業後	フランスへ	留学する	

語句を覚えよう！

andare in Italia アンダーレ イニタリア	イタリアへ行く	il mese prossimo イル メーゼ プロッスィモ	来月
partire dall'aeroporto di Narita パルティーレ ダッラエロポルト ディ ナリタ	成田空港を発つ	domani ドマーニ	明日
alzarsi alle quattro アルツァルスィ アッレ クワットロ	4時に起きる	domani mattina ドマーニ マッティーナ	明朝
andare a pranzo アンダーレ ア プランツォ	食事に行く	ora オーラ	これから
studiare in 〜 ストゥディアーレ イン	〜に留学する	dopo la laurea ドーポ ラ ラウレア	卒業後

UNIT 70
CD-70

-ò ~ .

1	2+3	4
Il mese prossimo イル メーゼ プロッスィモ	**andrò** アンドロ	**in Italia.** イニタリア
Domani ドマーニ	**partirò** パルティロ	**da Narita.** ダ ナリタ
Domani mattina ドマーニ マッティーナ	**mi alzerò** ミ アルツェロ	**alle quattro.** アッレ クワットロ
Ora オーラ	**andrò** アンドロ	**a pranzo.** ア プランツォ
Dopo la laurea ドーポ ラ ラウレア	**studierò** ストゥディエロ	**in Francia.** イン フランチャ

mini 会話

A：明朝、成田空港を発つつもりです。
B：何時の便ですか。
A：7時の飛行機です。
　　だから、家を4時に出ます。

Domani mattina partirò
ドマーニ　マッティーナ　パルティロ
da Narita.
ダ　ナリタ
A che ora parte l'aereo?
ア ケ　オーラ パルテ　ラエレオ
Alle sette.
アッレ セッテ
Quindi partirò da casa alle
クインディ パルティロ ダ カーザ アッレ
quattro.
クワットロ

Point 予定や「~するつもり」ということを表す時は、未来形を使います。「私たち」が主語の場合は、語尾の -rò が -remo となります。主語が Lei の場合は -rà です。行き先や滞在先に国名が入る場合は、前置詞は in になりますが、「~に向けて出発する」の場合は partire per ~ と言います。

UNIT 71　■病状の表現
CD-71　（私は）〜がする／痛い。

1	2		3
（私は）	頭痛　腹痛	が	する。
	歯　のど		痛い。
	熱		ある。

語句を覚えよう！

mal ♠ di testa マル　ディ テスタ	頭痛	dolore ♠ ドローレ　all'orecchio アッロレッキオ	耳の痛み
mal di stomaco マル　ディ ストマコ	腹痛	dolore ドローレ　alla schiena アッラ スキエーナ	背中の痛み
mal di denti マル　ディ デンティ	歯痛	diarrea ♡ ディアルレーア	下痢
mal di gola マル　ディ ゴーラ	のどの痛み	insonnia ♡ インソンニア	不眠症
febbre ♡ フェッブレ	熱	tosse ♡ トッセ	咳

UNIT 71 CD-71
Ho ~ .

1+3　　　　　　　　　**2**

Ho
オ
\+
mal di testa.
マル　ディ　テスタ
mal di stomaco.
マル　ディ　ストマコ
mal di denti.
マル　ディ　デンティ
mal di gola.
マル　ディ　ゴーラ
la febbre.
ラ　フェッブレ

mini 会話

A：どうしましたか。
Che cosa ha?
ケ　コザ　ア

B：頭痛がします。
Ho mal di testa.
オ　マル　ディ　テスタ

風邪をひいたようです。
Mi sento raffreddato.
ミ　セント　ラッフレッダート

A：医者に診てもらった方が
Sarà meglio che vada
サラ　メッリオ　ケ　ヴァーダ

いいですよ。
dal medico.
ダル　メディコ

Point 日本語では「病院に行く」とも言いますが、イタリア語ではもっぱら「医者に行く」andare dal medico です。「医者を呼ぶ」は chiamare il medico（キアマーレ イル メディコ）、「日本語のわかるお医者さん」を頼みたい場合は un medico che capisce il giapponese（ウン メディコ ケ カピッシェ イル ジャッポネーゼ）と言いましょう。

UNIT 72 ■ 物を紛失した時
私は〜をなくしました。

1	2		3
私は	腕時計 / お金 / ビデオカメラ / 財布 / ハンドバッグ	を	なくしました。

語句を覚えよう！

orologio da polso オロロージョ ダ ポルソ	腕時計	anello アネッロ	指輪
soldi （複） ソルディ	お金	orecchino オレッキーノ	イヤリング
videocamera ヴィデオカメラ	ビデオカメラ	collana コッラーナ	ネックレス
portafoglio ポルタフォッリオ	財布	bracciale ブラッチャーレ	ブレスレット
borsa ボルサ	ハンドバッグ	fermacravatta フェルマクラヴァッタ	タイピン

UNIT 72
CD 72
Ho perduto 〜.

1+3   **3**

Ho perduto
オ　　ペルドゥート

+

l'orologio da polso.
ロロロージョ　　ダ　ポルソ

i soldi.
イ ソルディ

la videocamera.
ラ ヴィデオカメラ

il portafoglio.
イル ポルタフォッリオ

la borsa.
ラ　ボルサ

mini 会話

A：どうしましたか。　　　　Ch'è successo?
　　　　　　　　　　　　　ケ　　スッチェッソ
B：財布をなくしました。　　Ho perduto il portafoglio.
　　　　　　　　　　　　　オ　　ペルドゥート　イル ポルタフォッリオ
A：どこでなくしましたか。　Dove l'ha perduto?
　　　　　　　　　　　　　ドヴェ　ラ　　ペルドゥート
B：わかりません。　　　　　Non lo so.
　　　　　　　　　　　　　ノン　ロ ソ

Point 「なくす」は perdere を使いますが、「忘れた」は Ho dimenticato.（オ ディメンティカート）、「盗まれた」は Mi hanno rubato.（ミ アンノ ルバート）です。Non lo so. は「私はそれを知らない」という意味ですが、これだけでは素っ気なく聞こえることもあるので、Non me ne ero accorto/ta.（ノン メ ネ エーロ アッコルト/タ）「私はそのことに気づきませんでした」とつけ加えてもいいでしょう。

UNIT 73　●物が故障した時
～が動きません。

2		1
エアコン 水道 ドアの鍵 電話 パソコン	が	動きません。

語句を覚えよう！

condizionatore ♠ コンディツィオナトーレ	エアコン	riscaldamento ♠ リスカルダメント	暖房
rubinetto ♠ ルビネット	水道の蛇口	ascensore ♠ アッシェンソーレ	エレベーター
chiave ♡ della porta キアーヴェ　デッラ　ポルタ	ドアの鍵	doccia ♡ ドッチャ	シャワー
telefono ♠ テレフォノ	電話	frigorifero ♠ フリゴリフェロ	冷蔵庫
PC ♠ ピースィー	パソコン	gabinetto ♠ ガビネット	トイレ

UNIT 73 — Non funziona ～.

1

Non funziona
ノン　フンツィオーナ

+

2

il condizionatore.
イル コンディツィオナトーレ

il rubinetto.
イル ルビネット

la chiave della porta.
ラ キアーヴェ デッラ ポルタ

il telefono.
イル テレフォノ

il PC.
イル ピースィー

mini 会話

A：エアコンが動きません。　Non funziona il condizionatore.
ノン　フンツィオーナ　イル コンディツィオナトーレ

B：わかりました。　Ho capito.
オ カピート

　　すぐそちらへ行きます。　Arriva subito il tecnico.
アッリーヴァ スビト　イル テクニコ

Point　funzionare は「機能する」という意味です。トイレやシャワーの調子が悪い時、Cosa non funziona?（コザ ノン フンツィオーナ）「どう動かないのですか」と聞かれたら、Non c'è l'acqua calda.（ノン チェ ラックワ カルダ）「お湯が出ません」などと具体的に言いましょう。「窓が開きません」なら、aprire「開く」を使って Non si apre la finestra.（ノン スィ アプレ ラ フィネストラ）です。

UNIT 74
CD-74

■感謝の表現
〜をありがとうございます。

2	1
食事を 電話をくださって 御招待にあずかり お手伝いいただき いろいろと	ありがとう ございます。

語句を覚えよう！

pranzo ♠ プランツォ	食事	gentilezza ♡ ジェンティレッツァ con me コン メ	私への親切
chiamata ♡ キアマータ	電話（通話）	lettera ♡ レッテラ	手紙
invito ♠ インヴィート	招待	interprete ♠ インテルプレテ	通訳
aiuto ♠ アイウート	手伝い	telefonare テレフォナーレ per me ペル メ	私の代わりに電話してくれる
tutto ♠ トゥット	いろいろ	guida ♡ グイーダ della città デッラ チッタ	街の案内

UNIT 74 — CD-74

Grazie di 〜.

1　**Grazie**
グラーツィエ

+

2
del pranzo.
デル　プランツォ
della chiamata.
デッラ　キアマータ
dell'invito.
デッリンヴィート
dell'aiuto.
デッライウート
di tutto.
ディ　トゥット

mini 会話

A： おいしい夕食をありがとうございます。
とても楽しかったです。

Grazie del pranzo squisito.
グラーツィエ　デル　プランツォ　スクイズィート

Ho passato veramente
オ　パッサート　ヴェラメンテ
una bella serata.
ウナ　ベッラ　セラータ

B： いいえ、どういたしまして。
Prego, di niente.
プレーゴ　ディ ニエンテ

Point grazie di の次には名詞や動詞の不定形が入ります。既成のことなので、たいていは定冠詞がつきますが、その定冠詞とつながって di は del(=di+il), della(=di+la), dell'(=di+l') となります。改まった言い方をしたければ、La ringrazio per 〜. （ラ リングラーツィオ ペル）と言います。grazie だけだと「ありがとう」ですが、こちらは「あなたに感謝します」となります。返事の di niente は「何でもありません」という意味です。

UNIT 75 CD-75
■ 軽いお詫び
〜してすみません。

2	1
遅くなって 失望させて 煩わせて お待たせして ご無沙汰して	すみません。

語句を覚えよう！

ritardo ♠ リタルド	遅れ	sorpresa ♡ ソルプレーザ	驚き
delusione ♡ デルズィオーネ	失望	bugia ♡ ブジーア	嘘
disturbo ♠ ディストゥルボ	迷惑	abbandono ♠ アッバンドーノ	放棄
farLa aspettare ファルラ　アスペッターレ	あなたを 待たせる	sbaglio ♠ ズバッリオ	失敗
non farmi ノン　ファルミ sentire a lungo センティーレ ア ルンゴ	ご無沙汰する	fatica ♡ ファティーカ	苦労

UNIT 75 — Scusi 〜.

Scusi +

per
- il ritardo.
- la delusione.
- il disturbo.

se
- L'ho fatta aspettare.
- non mi sono fatta sentire a lungo.

mini 会話

A：遅くなってすみません。 　Scusi per il ritardo.
　　道路が混んでいまして。 　C'era traffico.
B：いいですよ。 　Non c'è problema!

Point 謝る時の最も一般的な言い方が Scusi 〜 . です。Scusi. だけでもよく使います。もともと scusare「許す」という語の命令形なので、「私を」の mi（ミ）をつけて Mi scusi. とも言います。同じ意味でも改まった言い方は Le chiedo scusa.（レ キエード スクーザ）「私はあなたに許しを求めます」となります。

UNIT 76 CD-76
■ 丁寧に尋ねる時
すみません、〜ですか。

1	3	2
すみません、(失礼ですが)	この席は空いて	いますか。
	今、何時	ですか。
	ホテル・フローラはどこ	
	ライターをお持ち	
	カルデッラさん(既婚女性)	

語句を覚えよう！

il posto è libero イル ポスト エ リーベロ	席が空いている	signor スィニョール	〜さん(男性)
il posto è occupato イル ポスト エ オックパート	席がふさがっている	prenotazione ♥ プレノタツィオーネ	予約
che ora è ケ オラ エ	何時	è prenotato/ta エ プレノタート/タ	予約済みだ
accendino ♤ アッチェンディーノ	ライター	al completo アル コンプレート	満席の
signora スィニョーラ	〜さん(既婚女性)	esaurito エザウリート	売り切れの

UNIT 76　Scusi, posso chiedere ～？
CD-76

1 Scusi, スクーズィ

\+

2 posso ポッソ chiedere キエーデレ

\+

3
se è libero questo posto?
セ　エ　リーベロ　クエスト　ポスト
che ora è?
ケ　オラ　エ
dov'è l'Hotel Flora?
ドヴェ　ロテル　フローラ
se ha un accendino?
セ　ア　ウナッチェンディーノ
se Lei è la signora Cardella?
セ　レイ　エ　ラ　スィニョーラ　カルデッラ

mini 会話

A：すみません、この席は空いていますか。
Scusi, posso chiedere se è libero questo posto?
スクーズィ　ポッソ　キエーデレ　セ　エ　リーベロ　クエスト　ポスト

B：空いていますよ。
È libero.
エ　リーベロ

A：ありがとうございます。
Grazie.
グラーツィエ

Point scusi は話しかける時の決まり文句で、これだけでも用は足りますが、posso chiedere「尋ねてもいいですか？」を加えるとより丁寧になります。女性に対する呼びかけは UNIT13 で signorina も勉強しましたが、Lei で話すような大人でしたら signora で構いません。

UNIT 77　挨拶の伝言
〜によろしく。

2		1
御家族の皆様 奥様 御両親 御主人 御子息	に	よろしく。

語句を覚えよう！

i Suoi イスオイ	あなたの家族	direttore/trice ディレットーレ/トリーチェ	部長
Sua moglie スア　モッリエ	奥様	professore/ressa プロフェッソーレ/レッサ	先生
i Suoi genitori イスオイ　ジェニトーリ	御両親	capo reparto ♠ カーポ　レパルト	課長
Suo marito スオ　マリート	御主人	superiore/ra スペリオーレ/ラ	上司
Suo figlio スオ　フィッリオ	御子息	tutti ♠ （複） トゥッティ	皆様

UNIT 77
Mi saluti 〜.

1: Mi saluti
ミ　サルーティ

+

2:
i Suoi.
イ　スオイ
Sua moglie.
スア　モッリエ
i Suoi genitori.
イ　スオイ　ジェニトーリ
Suo marito.
スオ　マリート
Suo figlio.
スオ　フィッリオ

mini 会話

A：御家族のみなさまによろしくお伝えください。
Mi saluti i Suoi.
ミ　サルーティ　イ　スオイ

B：ありがとうございます。
Grazie.
グラーツィエ

伝えます。
Presenterò.
プレゼンテロ

A：さようなら。よいご旅行を。
ArrivederLa. Buon viaggio.
アルリヴェデルラ　ブオン　ヴィアッジョ

Point Mi saluti 〜. の saluti は「〜に挨拶する」という意味の動詞 salutare の命令形で、最初の mi は「私から」の意味です。i Suoi は一見「あなたのもの」ですが、これだけで「あなたの家族」を表す普通の言い方です。「私の家族」は i miei（イ　ミエイ）です。「先生」と言いたい場合は職業に応じて、医者なら dottore（ドットーレ）、職人なら maestro（マエストロ）などが考えられます。

UNIT 78 ●勧める時の表現
CD-78
どうぞ〜してください。

2	1
どうぞ	自由に取って食べてください。 お立ちください。 おくつろぎください。 ここでお待ちください。 お受け取りください。

語句を覚えよう！

servirsi セルヴィルスィ	自由に取って食べる	dire ディーレ	教える
alzarsi アルツァルスィ	立つ	entrare エントラーレ	入る
accomodarsi アッコモダルスィ	くつろぐ	sedere セデーレ	座る
aspettare qui アスペッターレ クイ	ここで待つ	andare prima アンダーレ プリーマ	先に行く
prendere questo プレンデレ クエスト	これを受け取る	telefonare テレフォナーレ	電話する

UNIT 78 CD-78 　〜 pure.

1		2
Si serva スィ セルヴァ **Si alzi** スィ アルツィ **Si accomodi** スィ アッコモディ **Aspetti qui** アスペッティ クイ **Lo prenda** ロ プレンダ	+	**pure.** プーレ

mini 会話

A：どうぞ、召し上がってください。 Mangi pure.
　　　　　　　　　　　　　　　　　マンジ　プーレ
B：とてもおいしいです。　　　　　　È buonissimo.
　　　　　　　　　　　　　　　　　エ　ブオニッスィモ
　　どなたがお料理したのですか。　 Chi ha cucinato?
　　　　　　　　　　　　　　　　　キ　ア　クチナート
A：私です。　　　　　　　　　　　 Ho cucinato io.
　　　　　　　　　　　　　　　　　オ　クチナート　イオ

Point pure にはいろいろな意味がありますが、命令法と一緒に使うと「さあ、どうぞ」と促す意味になります。Si accomodi pure. は「どうぞおくつろぎください」の意味だけでなく、「どうぞ腰掛けてください」の意味でも一般的に使われますから、銀行などで言われても戸惑わないようにしてください。

UNIT 79
CD-79

● 相手の特性を褒める表現
〜が上手ですね。

1	2		3
（あなたは）	料理 ゴルフ 絵 ピアノ 裁縫	が	上手ですね。

語句を覚えよう！

cucinare クチナーレ	料理する	scherzare スケルツァーレ	冗談を言う
giocare a golf ジョカーレ ア ゴルフ	ゴルフをする	ricamare リカマーレ	刺繍する
dipingere ディピンジェレ	絵を描く	cantare カンターレ	歌う
suonare スオナーレ 　il pianoforte 　イル ピアノフォルテ	ピアノを弾く	suonare スオナーレ 　la chitarra 　ラ キタルラ	ギターを弾く
cucire クチーレ	縫う	dire bene di 〜 ディーレ ベーネ ディ	〜を褒める

UNIT 79
CD-79

Lei ～ bene.

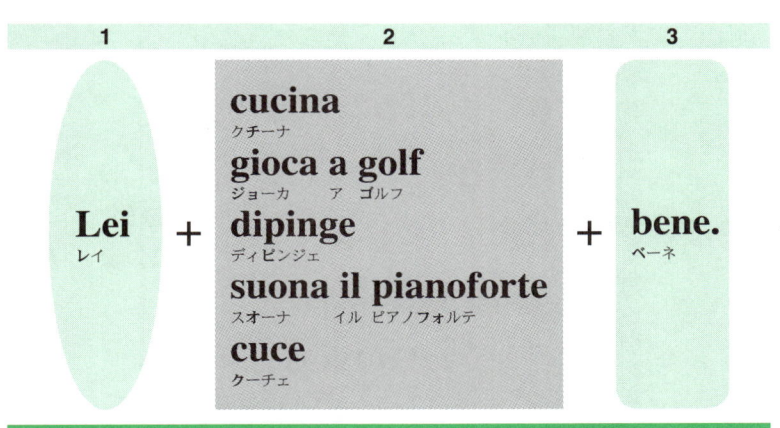

1 Lei
レイ

+

2
cucina
クチーナ
gioca a golf
ジョーカ ア ゴルフ
dipinge
ディピンジェ
suona il pianoforte
スオーナ イル ピアノフォルテ
cuce
クーチェ

+

3 bene.
ベーネ

mini 会話

A：料理が上手ですね。　　　　　Cucina bene.
　　　　　　　　　　　　　　　クチーナ　ベーネ

B：ありがとう。　　　　　　　　Grazie. Mi piace cucinare.
　料理は好きなんです。　　　　グラーツィエ　ミ　ピアーチェ　クチナーレ

A：あなたは、ゴルフが上手ですね。Gioca bene a golf.
　　　　　　　　　　　　　　　ジョーカ　ベーネ　ア　ゴルフ

B：冗談がお上手なこと。　　　　Sta scherzando?
　　　　　　　　　　　　　　　スタ　スケルツァンド

Point イタリア人は食べることに精力を使う国民ですから、料理の腕を褒めるのは大事です。bene を使う他に、È una cuoca brava.（エ ウナ クオーカ ブラーヴァ）「あなたは優秀な料理人ですね」とも言えます。cuoca は女性ですから、相手が男性の場合は È un cuoco bravo.（エ ウン クオーコ ブラーヴォ）となります。

UNIT 80 CD-80
■ 感動の表現
〜に感動しました。

1	2		3
（私は）	オペラ 美しい景色 ここの夜景 大聖堂の荘厳さ ミケランジェロの彫刻	に	感動 しました。

語句を覚えよう！

opera lirica オペラ　リリカ	オペラ	scultura スクルトゥーラ	彫刻
bel paesaggio ベル　パエザッジョ	美しい景色	ceramica チェラミカ	陶芸品
vista notturna ヴィスタ　ノットゥルナ	夜景	architettura gotica アルキテットゥーラ　ゴティカ	ゴシック建築様式
duomo ドゥオーモ	大聖堂	opera di belle arti オペラ　ディ　ベッレ　アルティ	美術品
solennità ソレンニタ	荘厳さ	pittore ピットーレ	絵画

UNIT 80 Mi sono commosso/sa a ～.

Mi sono commosso/sa +
- all'opera lirica.
- al bel paesaggio.
- alla vista notturna di questo posto.
- alla solennità del Duomo.
- alla scultura di Michelangelo.

mini 会話

A：大聖堂はいかがでしたか。
Le piace il Duomo?

B：荘厳さに感動しました。
Mi sono commosso alla solennità.

Point 本文中の all' は a+l'、al は a+il、alla は a+la です。芸術の国イタリアでは teatro（テアトロ）「劇場」、chiesa（キエーザ）「教会」、museo（ムゼーオ）「美術館」など、感動との出会いの場をまわろうとしたら、何日あっても足りないくらいです。duomo はその地区で一番重要な教会のことです。建築がすばらしい Firenze, Milano の duomo は、特に有名です。

UNIT 81　■驚きの表現
CD-81　〜に驚きました。

1	2	3
（私は）	知らせ / あなたの返事 / 事件 / 試合の結果 / その絵の美しさ　に	驚きました。

語句を覚えよう！

notizia ♡ ノティーツィア	知らせ	disastro ♠ ディザストロ	災害
risposta ♡ リスポスタ	返事	fuoco ♠ フォーコ	火事
avvenimento ♠ アッヴェニメント	事件	partita ♡ パルティータ	試合
risultato ♠ リズルタート	結果	quadro ♠ クワードロ	絵画
bellezza ♡ ベッレッツァ	美しさ	spaventoso/sa スパヴェントーゾ/ザ	恐ろしい

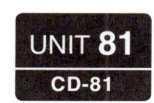

UNIT 81 CD-81
Mi sono sorpreso/sa di 〜.

1+3

Mi sono sorpreso/sa
ミ ソノ ソルプレーソ/ザ

+

2

della notizia.
デッラ ノティーツィア

della Sua risposta.
デッラ スア リスポスタ

dell'avvenimento.
デッラッヴェニメント

del risultato della partita.
デル リズルタート デッラ パルティータ

della bellezza del quadro.
デッラ ベッレッツァ デル クワードロ

mini 会話

A：素敵なホテルですね。　　È un albergo bellissimo!
　　　　　　　　　　　　　　エ ウナルベルゴ ベッリッスィモ

B：湖がきれいで驚いたわ。　Mi sono sorpresa della
　　　　　　　　　　　　　　ミ ソノ ソルプレーザ デッラ
　　　　　　　　　　　　　　vista sul lago.
　　　　　　　　　　　　　　ヴィスタ スル ラーゴ

Point Mi sono sorpreso/sa di 〜. は、ニュースなどを聞いて驚いた時に使う表現です。人が突然現れて「ぎょっとした」時は、mi ha messo/sa paura（ミ ア メッソ/サ パウーラ）とか mi ha spaventato/ta（ミ ア スパヴェンタート/タ）と言います。

UNIT 82 — 喜びを表す表現
〜を嬉しく思います。

2	1
お会いできて それを聞いて 入学できて 気に入っていただいて お電話くださって	(私は) 嬉しく思います。

語句を覚えよう！

vedere ヴェデーレ	会う	ricevere la Sua lettera リチェーヴェレ ラ スア レッテラ	あなたの手紙をいただく
sentire センティーレ	聞く	ricevere un regalo リチェーヴェレ ウン レガーロ	プレゼントをいただく
iscriversi イスクリヴェルスィ	入学する	rivederLa リヴェデルラ	あなたとまた会う
Le piace レ ピアーチェ	あなたが気に入る	accompagnarLa アッコンパニャルラ	あなたとご一緒する
telefonare テレフォナーレ	電話する	trovare il lavoro トロヴァーレ イル ラヴォーロ	就職する

UNIT 82　Sono felice 〜．

1	2
Sono felice (ソノ フェリーチェ) +	di vederLa. (ディ ヴェデルラ)
	di sentirlo. (センティルロ)
	di iscrivermi. (イスクリーヴェルミ)
	che Le piaccia. (ケ レ ピアッチャ)
	che mi abbia telefonato. (ミ アッビア テレフォナート)

mini 会話

A：またお会いできて嬉しく思います。
Sono felice di rivederLa.
(ソノ フェリーチェ ディ リヴェデルラ)

B：私もです。前回お会いしたのが5年前でした。
Anch'io lo sono. È stato cinque anni fa che ci siamo visti l'ultima volta.
(アンキオ ロ ソノ　エ スタート チンクエ アンニ　ファ ケ チ スィアーモ ヴィスティ ルルティマ ヴォルタ)

Point

「〜して嬉しい」の最も一般的な言い方です。molto（モルト）「とても」を加えて sono molto felice と言ってもいいでしょう。同じ意味で lieto/ta（リエート/タ）「嬉しい」という語もあります。初対面で改まって挨拶する場合は、Molto lieto/ta．「（お目にかかれて）嬉しいです」、Sono lieto/ta di conoscerLa．（ソノ リエート/タ ディ コノシェルラ）「お知り合いになれて嬉しいです」などの表現を使います。

UNIT 83　感想を聞く
CD-83

～は楽しかったですか。

2		1
この旅行 ヨーロッパ滞在 サッカーの試合 市内観光 コンサート	は	楽しかったですか。

語句を覚えよう！

viaggio ♠ ヴィアッジョ	旅行	lavoro ♠ ラヴォーロ	仕事
soggiorno ♠ ソッジョルノ in Europa イネウローパ	ヨーロッパ滞在	studio ♠ ストゥーディオ all'università アッルニヴェルスィタ	大学での勉強
partita ♡ パルティータ di calcio ディ カルチョ	サッカーの試合	lavoro ♠ ラヴォーロ temporaneo テンポラーネオ	アルバイト
giro ♠ turistico ジーロ　トゥリスティコ	観光	matrimonio ♠ マトリモーニオ	結婚生活
concerto ♠ コンチェルト	コンサート	vita ♡ ヴィータ celibe/nubile チェリベ/ヌビレ	独身生活

UNIT 83 S'è divertito/ta 〜 ?
CD-83

S'è divertito/ta
セ ディヴェルティート/タ

+

in viaggio?
イン ヴィアッジョ

nel Suo soggiorno in Europa?
ネル スオ ソッジョルノ イネウローパ

alla partita di calcio?
アッラ パルティータ ディ カルチョ

al giro turistico della città?
アル ジーロ トゥリスティコ デッラ チッタ

al concerto?
アル コンチェルト

mini 会話

A：イタリア旅行は楽しかったですか。
S'è divertito al viaggio in Italia?
セ ディヴェルティート アル ヴィアッジョ イニターリア

B：すごく楽しかったです。
Sì, moltissimo!
スィ モルティッスィモ

Point s'è divertito/ta の s'è は si è の短縮形です。「楽しんでいますか」は Si sta divertendo? で、パーティーの席ではホストがこのように聞いてまわります。名詞「楽しむこと」は divertimento（ディヴェルティメント）で、「嬉遊曲」と訳せばモーツァルトなどでおなじみですね。遊びに出掛ける人には Buon divertimento!（ブオン ディヴェルティメント）「楽しんで来てね」と言ってあげるのがお決まりです。

UNIT 84 ●経験の聞き方
〜は初めてですか。

2		1
ここに来る 新幹線に乗る 京都を訪れる 海外旅行をする 飛行機に乗る	のは	初めてですか。

語句を覚えよう！

venire qui ヴェニーレ クイ	ここに来る	la prima volta ラ プリーマ ヴォルタ	初めて
prendere lo Shinkansen プレンデレ ロ シンカンセン	新幹線に乗る	la seconda volta ラ セコンダ ヴォルタ	2度目
visitare Kyoto ヴィズィターレ キョート	京都を訪れる	l'ultima volta ルルティマ ヴォルタ	最後
viaggiare all'estero ヴィアッジャーレ アッレステロ	海外旅行をする	tante volte タンテ ヴォルテ	何度も
prendere l'aereo プレンデレ ラエレオ	飛行機に乗る	tutti gli anni トゥッティリ アンニ	毎年

UNIT 84　È la prima volta che ～?

1

È la prima
エラ プリーマ
volta che
ヴォルタ ケ

+

2

viene qui?
ヴィエネ クイ

prende lo Shinkansen?
プレンデ ロ シンカンセン

visita Kyoto?
ヴィズィタ キョート

viaggia all'estero?
ヴィアッジャ アッレステロ

prende l'aereo?
プレンデ ラエレオ

mini 会話

A：ここに来るのは初めてですか。
È la prima volta che viene qui?
エラ プリーマ ヴォルタ ケ ヴィエネ クイ

B：今回で2度目です。
No, è la seconda volta.
ノ エラ セコンダ ヴォルタ

Point　「第1の」「第2の」にあたる primo/ma, secondo/da は、すでに UNIT22 の料理のところで出てきましたが、terzo/za（テルツォ/ツァ）「第3の」くらいまでは覚えておきたいですね。ちなみにその後は quarto/ta（クワルト/タ）「第4の」、quinto/ta（クイント/タ）「第5の」、sesto/ta（セスト/タ）「第6の」…と続きます。

UNIT 85
経験を表現する
こんな…を〜したことがない。

3	4	2		1
こんな	すばらしい 美しい おいしい 悪い 嫌な	景色 料理 ニュース 話	を 見た 食べた 聞いた	（私は）ことがない。

語句を覚えよう！

magnifico/ca マニフィコ/カ	すばらしい	scena ♥ シェーナ	景色
bello/la ベッロ/ラ	美しい	piatto ♠ ピアット	料理
buono/na ブオーノ/ナ	おいしい	notizia ♥ ノティーツィア	ニュース
brutto/ta ブルット/タ	悪い	storia ♥ ストーリア	話
cattivo/va カッティーヴォ/ヴァ	嫌な	sentire センティーレ	聞く

UNIT 85　Non ho mai ～ così ....

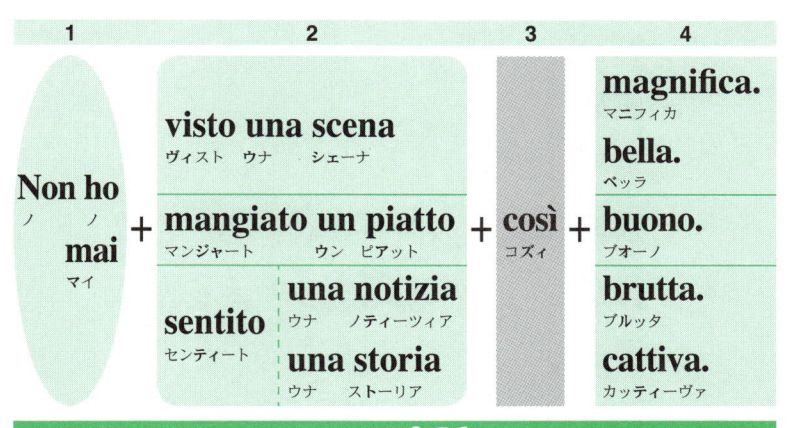

1	2	3	4
Non ho mai ノ ノ マイ	**visto una scena** ヴィスト ウナ シェーナ	**così** コズィ	**magnifica.** マニフィカ
	mangiato un piatto マンジャート ウン ピアット		**bella.** ベッラ
			buono. ブオーノ
	sentito センティート **una notizia** ウナ ノティーツィア		**brutta.** ブルッタ
	una storia ウナ ストーリア		**cattiva.** カッティーヴァ

mini 会話

A：こんなすばらしい景色は見たことがありません。
Non ho mai visto una scena
ノ ノ マイ ヴィスト ウナ シェーナ
così magnifica.
コズィ マニフィカ

B：私もです。
Neanch'io.
ネアンキーオ

Point ho visto は「私は見た」という過去形で、non「ない」、mai「かつて」がついて「見たことがない」という経験を表す言い方になります。così は「こんなに」です。人をけなす時に使う語は、brutto/ta「悪い」は外見を、cattivo/va「嫌な」は性質をけなす場合というように使いわけますが、UNIT66 でも触れたように、形のないものについては同じように使えます。「こんなに…を～ことがない」の表現で使う場合も、notizia cattiva、storia brutta でも構いません。

UNIT 86 CD-86

■ 興味の有無の言い方

〜に興味があります／ありません。

2		1
建築 美術 宗教 音楽 歴史	に	（私は） 興味があります。 興味がありません。

語句を覚えよう！

architettura アルキテットゥーラ	建築物	monumento モヌメント	遺跡
belle arti （複） ベッレ　アルティ	美術	antichità アンティキタ	骨董品
religione レリジオーネ	宗教	letteratura レッテラトゥーラ	文学
musica ムズィカ	音楽	scultura スクルトゥーラ	彫刻
storia ストーリア	歴史	ceramica チェラミカ	陶磁器

UNIT 86 CD-86
Mi interesso di ～．
Non mi interesso di ～．

1

Mi interesso
ミ インテレッソ

Non mi interesso
ノン ミ インテレッソ

+

2

d'architettura.
ダルキテットゥーラ

di belle arti.
ディ ベッレ アルティ

di religione.
ディ レリジオーネ

di musica.
ディ ムズィカ

di storia.
ディ ストーリア

mini 会話

A：あなたは何に興味がありますか。

Di che cosa si interessa Lei?
ディ ケ コザ スィ インテレッサ レイ

B：私は、ヨーロッパの現代美術に興味があります。

Mi interesso d'arte moderna europea.
ミ インテレッソ ダルテ モデルナ エウロペア

Point 「あなたは陶磁器に関心がありますか？」と尋ねるのは Si interessa di ceramiche?（スィ インテレッサ ディ チェラミケ）です。「いいえ、陶磁器はよくわかりません」と答える時は No, non mi intendo di ceramiche.（ノ ノン ミ インテンド ディ チェラミケ）と言います。

UNIT 87
CD-87

● 確信を表す表現
きっと～だと思う。

1	2		3
（私は）きっと	彼は来る 彼は大丈夫だ お金を盗まれた 財布はどこかでなくした バッグをあそこに置き忘れた	と	思う。

語句を覚えよう！

venga ヴェンガ （不定形は venire） ヴェニーレ	来る	avere successo アヴェーレ スッチェッソ	成功する
stia bene スティーア ベーネ （不定形は stare bene） スターレ ベーネ	大丈夫	sbagliare ズバリアーレ	失敗する
rubato（過去分詞） ルバート （不定形は rubare） ルバーレ	盗んだ	diventare ricco ディヴェンターレ リッコ	金持ちになる
perso（過去分詞） ペルソ （不定形は perdere） ペルデレ	なくした	diventare povero ディヴェンターレ ポーヴェロ	貧乏になる
lasciare ラシャーレ	置き忘れる	scappare スカッパーレ	逃げ出す

UNIT 87 — Sono sicuro/ra che / di 〜.

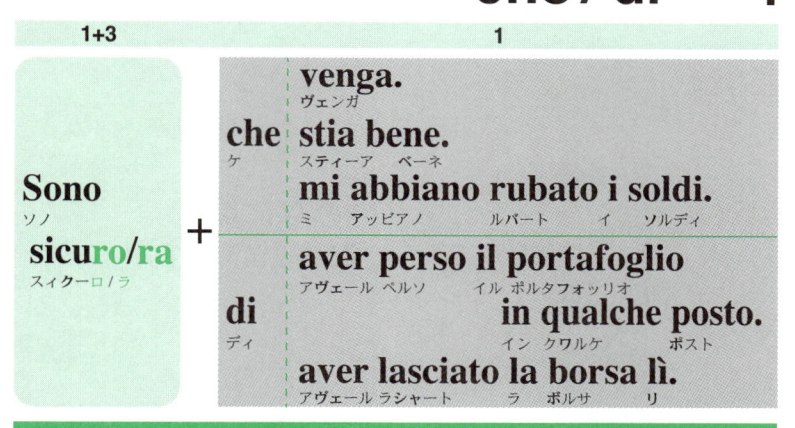

Sono sicuro/ra +
- **che** venga.
- **che** stia bene.
- **che** mi abbiano rubato i soldi.
- **di** aver perso il portafoglio in qualche posto.
- **di** aver lasciato la borsa lì.

mini 会話

A：あなたはどう思いますか。　Che ne pensa Lei?
B：彼はきっと来ると思います。　Sono sicuro che venga.
A：どうして？　Perchè?
B：彼は、遅刻の常習犯だから。　Perchè arriva sempre in ritardo.

Point　sono sicuro/ra の次には、他の人が主語なら che ＋文、自分が主語なら di ＋動詞の不定形が入ります。mi hanno rubato 〜 は残念ながらイタリアでは非常によく聞かれる言い方で、「誰かが私から〜を盗んだ」というのが直訳です。こんなことを言わずにすむように、荷物からは目を離さない、大金は持って歩かない、など自分で気をつけましょう。

UNIT 88 — 相手に意見を聞く
〜をどう思いますか。

2	1
日本 この事件 彼女のこと　を 環境問題 世界経済	（あなたは） どう思いますか。

語句を覚えよう！

Giappone ジャッポーネ	日本	futuro フトゥーロ	未来
questo クエスト 　　avvenimento 　　アッヴェニメント	この事件	passato パッサート	過去
lei レイ	彼女	presente プレゼンテ	現在
problema プロブレーマ 　　ambientale 　　アンビエンターレ	環境問題	notizie（複） ノティーツィエ 　　　　recenti 　　　　レチェンティ	最近の ニュース
economia エコノミーア 　　mondiale 　　モンディアーレ	世界経済	relazione レラツィオーネ italogiapponese イタロジャッポネーゼ	日伊関係

UNIT 88 — Che pensa di ～?

Che pensa (ケ ペンサ) +
- **del Giappone?** (デル ジャッポーネ)
- **di questo avvenimento?** (ディ クエスト アッヴェニメント)
- **di lei?** (ディ レイ)
- **dei problemi ambientali?** (デイ プロブレーミ アンビエンターリ)
- **dell'economia mondiale?** (デッレコノミーア モンディアーレ)

mini 会話

A：彼女のことをどう思いますか。
Che pensa di lei? (ケ ペンサ ディ レイ)

B：親切な方だと思います。
È gentile. (エ ジェンティーレ)

A：レーヴィ教授をどう思いますか。
Che pensa del professor Levi? (ケ ペンサ デル プロフェッソール レーヴィ)

B：きびしい先生だと思います。
È severo. (エ セヴェーロ)

Point 日本語では「～と思う」と言わないと断定的で、強すぎるように聞こえますが、イタリア語ではあえて penso che ～（ペンソ ケ）「私は～と思う」と言わなくてもそのようにとってもらえます。意見は変わることもあるのが当然ですから、他人と意見を交わして自分の見解を伝えたり、修正していったりするのがイタリア式です。

UNIT 89
期待の気持ちを表すいくつかの表現
〜することを期待しております。

2	1
また、来年も来たいと	思います。
御家族の健康を	祈っています。
日伊友好に	期待しております。
すぐに またお会いするのを	楽しみにしています。
日本でお会いするのを	心待ちにしております。

語句を覚えよう！

spero スペーロ (sperare の一人称単数形)	私は願う	amicizia ♡ アミチーツィア italo-giapponese イタロ　ジャッポネーゼ	日伊友好
speriamo スペリアーモ (sperare の一人称複数形)	私たちは願う	rivederLa リヴェデルラ	あなたと再会する
tornare トルナーレ	戻って来る	presto プレスト	すぐに
l'anno prossimo ランノ　プロッスィモ	来年	prosperità ♡ プロスペリタ	繁栄
i Suoi イ　スオイ	あなたの家族	nostra felicità ♡ ノストラ　フェリチタ	私たちの幸せ

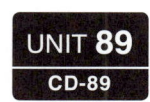

UNIT 89　Spero / Speriamo ～ .

Spero
スペーロ

\+

di tornare qui l'anno prossimo.
ディ トルナーレ　クイ　ランノ　プロッスィモ

che i Suoi stiano bene.
ケ　イ スオイ　スティーアノ　ベーネ

nell'amicizia italo-giapponese.
ネッラミチーツィア　イタロジャッポネーゼ

di rivederLa presto.
ディ リヴェデルラ　プレスト

Speriamo
スペリアーモ

di vederci in Giappone.
ディ ヴェデルチ　イン ジャッポーネ

mini 会話

A：すぐにまたお会いするのを楽しみにしてます。
Spero di rivederLa presto.
スペーロ　ディ リヴェデルラ　プレスト

B：私も楽しみにしてます。
Anch'io lo spero.
アンキオ　ロ スペーロ

いろいろとありがとうございました。
Tante grazie di tutto.
タンテ　グラーツィエ ディ トゥット

Point　Spero / Speriamo ～ . は改まった別れの挨拶でよく使います。簡単には Ci rivediamo.（チ リヴェディアーモ）「また会いましょう」とか、A presto.（ア プレスト）「またそのうちにね」と言います。Mi scriva.（ミ スクリーヴァ）「手紙をくださいね」もよく聞かれます。頬が軽く触れる程度に抱き合ったり、bacetto（バチェット）「小さなキス」を交わすのが習慣です。

UNIT 90
CD-90

■ どのように〜するかの尋ね方

イタリア語でどのように〜するのですか。

3	4	1	2
これ / この物			呼びますか。
この言葉 は / あなたのお名前	イタリア語 / 日本語 で	どのように	発音しますか。
このこと			言いますか。

語句を覚えよう！

roba ♡ ローバ	物	in giapponese イン ジャッポネーゼ	日本語で
parola ♡ パローラ	言葉	come コメ	どのように
nome ♠ ノーメ	名前	si chiama 〜 スィ キアーマ	〜と呼ばれる
cosa ♡ コーザ	こと	si pronuncia 〜 スィ プロヌンチャ	〜と発音される
in italiano イニタリアーノ	イタリア語で	si dice 〜 スィ ディーチェ	〜と言われる

UNIT 90 CD-90
Come 〜 in italiano?

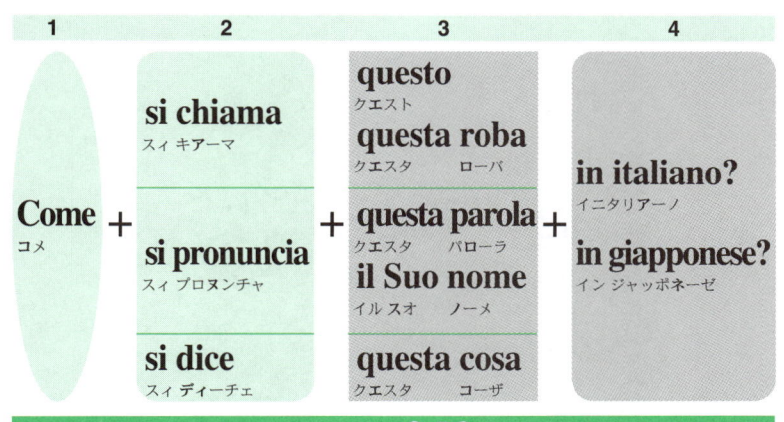

1	2	3	4
Come コメ	**si chiama** スィ キアーマ	**questo** クエスト **questa roba** クエスタ ローバ	**in italiano?** イニタリアーノ
	si pronuncia スィ プロヌンチャ	**questa parola** クエスタ パローラ **il Suo nome** イル スオ ノーメ	**in giapponese?** イン ジャッポネーゼ
	si dice スィ ディーチェ	**questa cosa** クエスタ コーザ	

mini 会話

A：これはイタリア語でなんと言うのですか。
Come si chiama questo in italiano?
コメ スィ キアーマ クエスト イニタリアーノ

B：ファックスです。英語と同じです。
Si chiama "fax":uguale all'inglese.
スィ キアーマ ファックス ウグワーレ アッリングレーゼ

A：「暑い」は日本語ではどう言いますか。
Come si dice "Fa caldo" in giapponese?
コメ スィ ディーチェ ファ カルド イン ジャッポネーゼ

B：「暑い」です。
Si dice "Atsui".
スィ ディーチェ アツイ

Point イタリア語にも英語の単語はたくさん入っています。Internet, e-mail, fax, web など、特に通信機器やインターネット関係が急速に増えているのは日本語と同様ですが、baseball（ベズボル）「野球」、roastbeef（ロズビフ）「ローストビーフ」などというのもあります。日本語から入ってイタリア語になりきってしまった語には、cachi(カキ)「柿」があります。もともと i で終わっているので男性名詞で単複同形です。

UNIT 91 CD-91

● 意味の尋ね方
〜はどういう意味ですか。

2		1
これ この単語 この記号 この文 あの文字	は	どういう 意味ですか。

語句を覚えよう！

parola ♡ パローラ	単語、言葉	vietato fumare ヴィエタート フマーレ	禁煙
segno ♠ セーニョ	記号	vietato l'ingresso ヴィエタート リングレッソ	立入禁止
frase ♡ フラーゼ	文	vietato ヴィエタート 　　fotografare 　　フォトグラファーレ	撮影禁止
lettera ♡ レッテラ	文字	senso unico センソ　　ウニコ	一方通行
scritto ♠ スクリット	文章	sosta vietata ソスタ　ヴィエタータ	駐車禁止

UNIT 91 Che cosa vuol dire 〜 ?

Che cosa vuol dire +
- questo?
- questa parola?
- questo segno?
- questa frase?
- quella lettera?

mini 会話

A：これはどういう意味ですか。 Che cosa vuol dire questo?
B：「禁煙」という意味です。 Vuol dire "vietato fumare".
A：では、あれは？ E quello?
B：「一方通行」の標識です。 È il segno di "senso unico".

Point 日本ではよく掲示が日本語だけで不親切と言われますが、イタリアではたいてい絵がついています。vietato fumare「禁煙」はたばこに×、「撮影禁止」はカメラに×、という風で、わからないということはまずありません。更に列車などでは英語、ドイツ語、フランス語も併記してあって、ヨーロッパの狭さをうかがわせます。

UNIT 92
CD-92

■ 経験を尋ねる
〜したことがありますか。

3		2	1
日本	へ	行った	ことが (あなたは) ありますか。
スカラ座			
歌舞伎		観た	
J ポップ	を	聞いた	
刺身		食べた	

語句を覚えよう！

essere エッセレ　stato/ta in 〜 スタート/タ イン	〜に行った ことがある	avere visto アヴェーレ ヴィスト	見た ことがある
Teatro ♠ テアトロ　alla Scala アッラ スカーラ	スカラ座	avere sentito アヴェーレ センティート	聞いた ことがある
kabuki ♠ カブキ	歌舞伎	avere mangiato アヴェーレ マンジャート	食べた ことがある
J-pop ♠ ジェイポップ	J ポップ	avere sciato アヴェーレ シアート	スキーをした ことがある
mai マイ	今までに	neve ♡ ネーヴェ	雪

UNIT 92 CD 92 — È/Ha mai 〜 ?

1	2	3
È エ	**stato/ta** スタート/タ	**in Giappone?** イン ジャッポーネ
		al Teatro alla Scala? アル テアトロ アッラ スカーラ
mai マイ +	**visto** ヴィスト +	**il kabuki?** イル カブキ
Ha ア	**sentito** センティート	**il J-pop?** イル ジェイポップ
	mangiato マンジャート	**sashimi?** サシミ

mini 会話

A：日本へ行ったことがありますか。 È mai stato in Giappone?
エ マイ スタート イン ジャッポーネ

B：はい、2年前に行きました。 Sì, ci sono stato due anni fa.
スィ チ ソノ スタート ドゥエ アンニ ファ

A：歌舞伎を観たことがありますか。 Ha mai visto il kabuki?
ア マイ ヴィスト イル カブキ

B：いいえ、ないです。 No, non l'ho mai visto.
ノ ノン ロ マイ ヴィスト

Point è と ha はそれぞれ、助動詞 essere と avere の活用形です（UNIT1 参照）。動詞によってどちらを使うかが決まっているので、その都度覚えるしかありません。J-pop は il pop giapponese（イル ポップ ジャッポネーゼ）とも言いますが、インターネットのサイトもあって、知られているようです。刺身は fettine di pesce crudo（フェッティーネ ディ ペッシェ クルード）「生の魚の薄切り」と説明しましょう。

UNIT 93 経験を語る（1）
〜したことがあります。

3	2	1
カラカラ浴場へ一度	行った	ことが(私は)あります。
そこへ何年か前に		
あの映画を3回	見た	
ローマにずいぶん前に	住んだ	
フィアットで3年間	働いた	

語句を覚えよう！

Terme (複) di Caracalla テルメ ディ カラカッラ	カラカラ浴場	essere andato/ta a 〜 エッセレ アンダート/タ ア	〜へ行ったことがある
qualche anno fa クワルケ アンノ ファ	何年か前に	avere abitato アヴェーレ アビタート	住んだことがある
film フィルム	映画	avere lavorato アヴェーレ ラヴォラート	働いたことがある
abitare a Roma アビターレ ア ローマ	ローマに住む	per qualche tempo ペル クワルケ テンポ	しばらくの間
lavorare per la Fiat ラヴォラーレ ペル ラ フィアット	フィアットで働く	per un anno ペル ウナンノ	1年間

UNIT 93　Sono / Ho 〜.

1	2	3
Sono ソノ	**andato/ta** アンダート/タ	**alle Terme di Caracalla una volta.** アッレ テルメ ディ カラカッラ ウナ ヴォルタ
		lì qualche anno fa. リ クワルケ アンノ ファ
+	**visto** ヴィスト +	**quel film tre volte.** クエル フィルム トレ ヴォルテ
Ho オ	**abitato** アビタート	**a Roma tanto tempo fa.** ア ローマ タント テンポ ファ
	lavorato ラヴォラート	**per la Fiat per tre anni.** ペル ラ フィアット ペル トレ アンニ

mini 会話

A：日本へ行ったことがありますか。
È mai stato in Giappone?
エ マイ スタート イン ジャッポーネ

B：いいえ。でも日本のＴＶドラマを見たことがあります。
No, ma ho visto una telenovela giapponese.
ノ マ オ ヴィスト ウナ テレノヴェーラ ジャッポネーゼ

Point　sono と ho はそれぞれ助動詞 essere と avere の活用形で、UNIT92 と同様、どの動詞がどちらを使うかは決まっています。「〜したことがある」と言う時には具体的な回数や期間、時期を加えることが多く、言い方を覚えておけば役に立ちます。mai は「今までに」の意味です。カラカラ浴場は Imperatore Caracalla「カラカラ帝」(188-217) がつくらせた公衆浴場の遺跡で、ローマの名所のひとつです。

UNIT 94
CD-94

■ 経験を語る（2）
私は〜したことがありません。

3	4		2	1
私は	オーストリア	へ	行った	ことがありません。
	ジェノバ			
	アドリア海	を	見た	
	イタリアの詩		読んだ	
	フランス語		勉強した	

語句を覚えよう！

Austria ♥ アウストリア	オーストリア	Svizzera ♥ ズヴィッツェラ	スイス
Genova ♥ ジェノヴァ	ジェノバ	Rimini ♥ リミニ	リミニ
poesia ♥ italiana ポエズィーア イタリアーナ	イタリアの詩	Monte Bianco ♠ モンテ ビアンコ	モンブラン
francese ♠ フランチェーゼ	フランス語	tedesco ♠ テデスコ	ドイツ語
San Marino ♠ サン マリーノ	サン・マリノ	russo ♠ ルッソ	ロシア語

UNIT 94　Non sono / ho mai 〜．

Non +
- sono mai stato/ta
- ho mai visto
- ho mai letto
- ho mai studiato

+
- in Austria.
- a Genova.
- il mare Adriatico.
- poesia italiana.
- il francese.

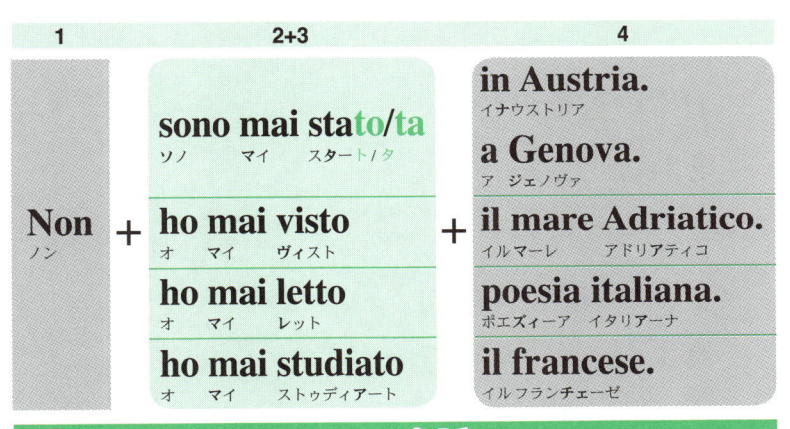

mini 会話

A：サン・マリノへ行ったことがありません。 Non sono mai stata a San Marino.
どうやって行くのですか。 Come ci si arriva?
B：リミニからバスに乗ります。 Si prende l'autobus da Rimini.

Point Rimini は il mare Adriatico「アドリア海」沿岸の有名な保養地ですが、そこからバスで山を登ったところにある城塞都市が la Repubblica di San Marino「サン・マリノ共和国」です。Rimini の街並み越しにアドリア海が見える絶景が有名で、多くの観光客が訪れます。また、多彩な切手を発行して、その売上を主な収入源としており、切手博物館もあります。

UNIT 95
CD-95

● 知っているかどうかを聞く

〜をご存知ですか。

2		1
日本の首相の名 それはどこか どうすればいいか 日本の相撲 富士山	を	（あなたは） ご存知ですか。

語句を覚えよう！

Primo Ministro ♠ プリーモ ミニストロ	首相	dell'incidente ferrovialio デッリンチデンテ フェルロヴィアーリオ	列車の事故について
nome ♠ ノーメ	名前	dialetto ♠ ディアレット	方言
sumo giapponese ♠ スモー ジャッポネーゼ	日本の相撲	stabilimento termale ♠ スタビリメント テルマーレ	温泉
Monte Fuji ♠ モンテ フジ	富士山	danza ♡ ダンツァ	踊り
di terremoto ディ テルレモート	地震について	canzone popolare ♡ カンツォーネ ポポラーレ	民謡

UNIT 95　Sa / Conosce ～ ?

	1	2
	Sa サ	**il nome del Primo Ministro giapponese?** イル ノーメ　デル　プリーモ　ミニストロ　ジャッポネーゼ **dov'è?** ドヴェ **come si fa?** コメ　スィ ファ
	Conosce コノッシェ	**il sumo giapponese?** イル スモー　ジャッポネーゼ **il Monte Fuji?** イル モンテ　フジ

mini 会話

A：日本の相撲をご存知ですか。　Conosce il sumo giapponese?
　　　　　　　　　　　　　　　　コノッシェ　イル スモー　ジャッポネーゼ

B：ＴＶで見たことがあります。　Sì l'ho visto alla TV.
　　　　　　　　　　　　　　　　スィ ロ　ヴィスト　アッラ　テヴゥ

　　力士は大きいですね。　　　　I lottatori sono grandi, vero?
　　　　　　　　　　　　　　　　イ ロッタトーリ　ソノ　グランディ　ヴェーロ

Point　sa は sapere の、conosce は conoscere の、三人称単数（Lei）の活用形です。sapere は「知識として」知っている、conoscere は「体験的に」知っている、として区別されます。「地震」や「列車の事故」は自分の体験ではないので sapere、「方言」「温泉」「踊り」「民謡」はそれを聞いたり見たりして知るものなので conoscere を使います。mini 会話で文末についている vero は、「～ですね」という言い方です。

UNIT 96 / CD-96
■助言を求める表現
〜を助言してくださいませんか。

2		1
いいレストラン 一番安いお店 私に似合う服 どこへ行けばいいか どうすればいいか	を	助言して くださいませんか。

語句を覚えよう！

buon ristorante ♠ ブオン リストランテ	いい レストラン	piatto ♠ ピアット del giorno デル ジョルノ	今日の お勧め料理
il negozio イル ネゴーツィオ meno caro メノ カーロ	一番安い店	offerta ♥ オッフェルタ speciale スペチャーレ	目玉商品
vestito ♠ ヴェスティート	服	occasione ♥ オッカズィオーネ	お買い得品
dove devo ドヴェ デーヴォ andare アンダーレ	どこへ 行けばいいか	prodotto ♠ プロドット locale ロカーレ	名産品
che devo fare ケ デーヴォ ファーレ	どうすれば いいか	monumento ♠ モヌメント turistico トゥリスティコ	観光名所

UNIT 96 — Mi consiglia 〜?

Mi consiglia +
- un buon ristorante?
- il negozio meno caro?
- un vestito che mi stia bene?
- dove devo andare?
- che devo fare?

mini 会話

A：すみません。カメラを買うのには、どこのお店がいいですか。
Senta, in quale negozio mi consiglia di comprare una macchina fotografica?

B：新宿のヨドヤマカメラがいいですよ。
A Yodoyama-camera a Shinjuku.

A：なぜ？
Perché?

B：安くて品物が豊富だから。
Perché hanno varietà di merce a buon mercato.

Point consigliare は「助言する」という意味です。レストランで「今日のお勧め」を聞きたい時は「何を」という意味の che cosa をつけて、Che cosa mi consiglia come piatto del giorno?（ケ コザ ミ コンスィッリア コメ ピアット デル ジョルノ）と cameriere（カメリエーレ）「ウェイター」に言えばいいでしょう。

Part 3

とっさの時に役立つ
単語集 2800

名詞の男性形、女性形、複数形はそれぞれ ◼︎、◻︎、(複)と表示。女性形で形が変わる場合は緑字で表示。重要語句はゴシック表示。

あ

愛	amore ◼︎	アモーレ
愛する	amare	アマーレ
挨拶する	salutare	サルターレ
アイスクリーム	gelato ◼︎	ジェラート
間（すきま）	spazio ◼︎	スパーツィオ
（間に）	fra	フラ
会う	incontrare	インコントラーレ
青	azzurro	アズッロ
赤	rosso ◼︎	ロッソ
赤ちゃん	bambino/na	バンビーノ/ナ
明るい	chiaro/ra	キアーロ/ラ
秋	autunno ◼︎	アウトゥンノ
諦める	abbandonare	アッバンドナーレ
飽きる	annoiarsi	アンノイアルスィ
開く／開ける	aprirsi	アプリルスィ
	/ aprire	アプリーレ
握手する	stringere la mano	ストリンジェレ ラ マーノ
顎（あご）	mento ◼︎	メント
朝	mattina ◻︎	マッティーナ
麻	lino ◼︎	リーノ
浅い	poco profondo/da	ポコ プロフォンド/ダ
明後日	dopodomani	ドーポドマーニ
脚／足	gamba ◻︎	ガンバ
	/ piede ◼︎	ピエーデ
味	sapore ◼︎	サポーレ
アジア	Asia ◻︎	アーズィア
明日	domani	ドマーニ
預かる／預ける		
	ricevere in deposito	リチェーヴェレ イン デポズィト
	/ dare in deposito	ダーレ イン デポズィト
汗	sudore ◼︎	スドーレ
遊ぶ	giocare	ジョカーレ
与える	dare	ダーレ
暖かい	caldo/da	カルド/ダ
頭	capo ◼︎	カーポ
新しい	nuovo/va	ヌオーヴォ/ヴァ
あちら	là	ラー
厚い	spesso/sa	スペッソ/サ
熱い	caldo/da	カルド/ダ
暑い	caldo/da	カルド/ダ
集まる	riunirsi	リウニルスィ
集める	raccogliere	ラッコリエレ
宛先	destinatario ◼︎	デスティナターリオ
後	dopo	ドーポ
〜の後	dopo	ドーポ
後で	dopo	ドーポ
アドレス	indirizzo ◼︎	インディリッツォ
あなた／あなたがた		
	tu トゥ・Lei レイ	
	/ voi ヴォイ・Loro ローロ	
兄	fratello ◼︎ maggiore	フラテッロ マッジョーレ
姉	sorella ◻︎ maggiore	ソレッラ マッジョーレ
あの	quello/la	クエッロ/ラ
アフターサービス		
	assistenza ◻︎ post-vendita	アッスィステンツァ ポスト ヴェンディタ
危ない（危険）		
	pericoloso/sa	ペリコローゾ/ザ
油	olio ◼︎	オーリオ
甘い	dolce	ドルチェ
雨／雨が降る	pioggia ◻︎	ピオッジャ

	/ piove ピオーヴェ	行く	andare アンダーレ
アメリカ	gli Stati Uniti ◎(複) リ スターティ ウニーティ	いくつ	quanti クワンティ
謝る	scusarsi スクザルスィ	いくら	quanto クワント
洗う	lavare ラヴァーレ	＜（値段が）いくらですか＞	
（自分の）〜を洗う			Quanto costa? クワント コスタ
	lavarsi 〜 ラヴァルスィ	いくらか	qualche クワルケ
ありがとう	grazie グラーツィエ	池	stagno ◎ スターニョ
歩く	andare a piedi アンダーレ ア ピエーディ	意見	opinione ◎ オピニオーネ
あれ	quello/la クエッロ/ラ	居心地がいい	comodo/da コーモド/ダ
暗記する	imparare a memoria インパラーレ ア メモリア	石	pietra ◎ ピエトラ
安心／安心する		意志	volontà ◎ ヴォロンタ
	sicurezza ◎ スィクレッツァ ／ rassicurarsi ラッスィクラルスィ	医師	medico ◎◎ メディコ
		〜以上	più di 〜 ピュー ディ
		異常	disturbo ◎ ディストゥルボ
安全な	sicuro/ra スィクーロ/ラ	意地悪い	cattivo/va カッティーヴォ/ヴァ
案内する	fare da guida ファーレ ダ グイーダ	椅子	sedia ◎ セーディア
		いずれにせよ／ともかく	
			comunque コムンクエ

い

		遺跡	rovine ◎(複) ロヴィーネ
胃	stomaco ◎ ストーマコ	忙しい	occupato/ta オックパート/タ
＜胃が痛い＞ ho mal di stomaco オ マル ディ ストーマコ		急ぐ	avere fretta アヴェーレ フレッタ
		痛み／痛む	dolore ◎ ドローレ ／ avere male アヴェーレマーレ
いい（よい）	buono/na ブオーノ/ナ	炒める	soffriggere ソッフリッジェレ
いいえ	no ノ	イタリア	Italia ◎ イターリア
言う	dire ディーレ	イタリア人	italiano/na イタリアーノ/ナ
家	casa ◎ カーザ	一（1）	uno ◎ ウーノ
（〜は）いかがですか		一時間	un'ora ◎ ウノーラ
	che ne direbbe di 〜 ? ケ ネ ディレッベ ディ	一度	una volta ウナ ヴォルタ
		一日中	tutto il giorno トゥット イル ジョルノ
怒る	arrabbiarsi アルラビアルスィ	市場	mercato ◎ メルカート
息	respiro ◎ レスピーロ	いちじるしく	eccessivamente エッチェッスィヴァメンテ
生きる	vivere ヴィーヴェレ		
イギリス	Inghilterra ◎ インギルテルラ	いつ	quando クワンド
		いつか	qualche giorno

211

	クワルケ ジョルノ	いらない	non volere ノン ヴォレーレ
一生懸命	con tutta la forza コントゥッタ ラ フォルツァ	入れる	mettere ~ dentro メッテレ〜デントロ
一緒に	insieme インスィエーメ	**色**	colore コローレ
いつでも（何時でも）		祝う	festeggiare フェステッジャーレ
	a qualunque ora ア クワルンクエ オーラ	印刷／印刷する	stampa スタンパ ／ stampare スタンパーレ
（〜する度に）	ogni volta che オンニ ヴォルタ ケ	印象	impressione インプレッスィオーネ
いっぱい（たくさん）	tanto タント	インターネット通信	
一般に	in genere イン ジェーネレ		comunicazione via Internet
いつまでも	per sempre ペル センプレ		コムニカツィオーネ ヴィーア インテルネット
いつも	sempre センプレ	インド／インド人	India インディア
糸	filo フィーロ		／ indiano/na インディアーノ/ナ

う

いとこ	cugino/na クジーノ/ナ		
田舎	campagna カンパーニャ	ウイスキー	whisky ウィスキ
犬	cane カーネ	上（上に）	su ス
命	vita ヴィータ	（上の方に）	sopra ソプラ
祈る	pregare プレガーレ	ウエスト	cintola チントラ
威張る	essere orgoglioso エッセレ オルゴリオーゾ	ウェブ ウェブサイト	web ウェブ
衣服	vestito ヴェスティート		sito web スィート ウェブ
今	adesso アデッソ	雨季	stagione piovosa
意味	significato スィニフィカート		スタジョーネ ピオヴォーザ
Eメール	e-mail イーメイル	受付	ricezione リチェツィオーネ
＜Eメールアドレス＞		受け取る	ricevere リチェーヴェレ
	indirizzo di e-mail インディリッツォ ディ イーメイル	動く／動かす	muoversi ムオヴェルスィ
妹	sorella minore ソレッラ ミノーレ		／ muovere ムオーヴェレ
いやしい	goloso/sa ゴローゾ/ザ	**牛**	bue ブーエ
嫌だ	non mi piace ノン ミ ピアーチェ	失う	perdere ペルデレ
		後ろに	indietro インディエトロ
いらっしゃいませ	dica ディーカ	薄い	sottile ソッティーレ
入口	entrata エントラータ	嘘（うそ）	bugia ブジーア
要る	ci vuole チ ヴオーレ	**歌**	canzone カンツォーネ

<歌をうたう>	cantare una canzone カンターレ ウナ カンツォーネ	上着	giacca ジャッカ
疑う	dubitare ドゥビターレ	運	fortuna フォルトゥーナ
疑わしい	sospetto/ta ソスペット/タ	運がよい	fortunato/ta フォルトゥナート/タ
家（うち）	casa カーザ	運河	canale カナーレ
撃つ	sparare スパラーレ	運送	trasporto トラスポルト
美しい	bello/la ベッロ/ラ	運賃	tariffa タリッファ
写す	copiare コピアーレ	運転／運転する	guida グイーダ／guidare グイダーレ
<写真を写す>	fare una fotografia ファーレ ウナ フォトグラフィーア	運転免許証	patente di guida パテンテ ディ グイーダ
腕時計	orologio da polso オロロージョ ダ ポルソ	国際運転免許証	patente di guida internazionale パテンテ ディ グイーダ インテルナツィオナーレ
腕	braccio ブラッチョ braccia（複）ブラッチャ	運動（体操）	ginnastica ジンナスティカ
うどん	pasta giapponese パスタ ジャッポネーゼ	（スポーツ）	sport スポルト
奪う	rubare ルバーレ	運動場（競技場）	campo カンポ
馬	cavallo カヴァッロ	（特定の種目の）	stadio スターディオ
うまい（おいしい）	buono/na ブオーノ/ナ	運命	destino デスティーノ
うまく（上手に）	bene ベーネ		

え

生まれる	nascere ナッシェレ	
海	mare マーレ	
産む（創り出す）	produrre プロドゥッレ	
（出産する）	partorire パルトリーレ	
恨む	avere risentimenti アヴェーレ リセンティメンティ	
うらやむ／ねたむ	invidiare インヴィディアーレ	
売る／（よく）売れる	vendere ヴェンデレ／si vendono bene スィ ヴェンドノ ベーネ	
うるさい	rumoroso/sa ルモローゾ/ザ	
嬉しい	felice フェリーチェ	
噂	voce ヴォーチェ	

絵	quadro クワードロ
エアコン	condizionatore d'aria コンディツィオナトーレ ダリア
エアメール	posta via aerea ポスタ ヴィーア アエレア
映画	cinema チネマ
<映画を観る>	andare al cinema アンダーレ アル チネマ
映画館	cinema チネマ
英語	inglese イングレーゼ
衛星	satellite サテッリテ
栄誉	onore オノーレ
栄養	nutrimento ヌトリメント
描く	dipingere ディピンジェレ
駅	stazione スタツィオーネ

213

エスカレーター	scala mobile	スカラ モービレ
絵本	libro illustrato per ragazzi	リブロ イッルストラート ペル ラガッツィ
えび	gambero	ガンベロ
偉い	grande	グランデ
選ぶ	scegliere	シェッリエレ
エレベーター	ascensore	アッシェンソーレ
演劇	dramma	ドランマ
延期／延期する	dilazione ／ rimandare	ディラツィオーネ／リマンダーレ
エンジニア	ingegnere/ra	インジェニエーレ/ラ
炎症	infiammazione	インフィアンマツィオーネ
援助／援助する	aiuto ／ aiutare	アイウート／アイウターレ
演説／演説する	discorso ／ fare un discorso	ディスコルソ／ファーレ ウン ディスコルソ
鉛筆	matita	マティータ
遠慮／遠慮する	modestia ／ fare complimenti	モデスティア／ファーレ コンプリメンティ

お

尾	coda	コーダ
おいしい	buono/na	ブオーノ/ナ
王宮	palazzo reale	パラッツォ レアーレ
王様	re	レ
扇	ventaglio	ヴェンターリオ
応急手当	pronto soccorso	プロント ソッコルソ
横断歩道	attraversamento pedonale	アットラヴェルサメント ペドナーレ
往復	andata e ritorno	アンダータ エ リトルノ
往復切符	biglietto di andata e ritorno	ビリエット ディ アンダータ エ リトルノ
多い	molto/ta	モルト/タ
大いに	molto	モルト
大きい	grande	グランデ
大きさ	grandezza	グランデッツァ
オーケー	va bene	ヴァ ベーネ
大通り	corso	コルソ
オートバイ	motocicletta	モトチクレッタ
おかしい（妙な）	strano/na	ストラーノ/ナ
（おもしろい）	ridicolo/la	リディーコロ/ラ
（怪しい）	sospetto/ta	ソスペット/タ
おかず	companatico	コンパナティコ
起きる（目を覚ます）	svegliarsi	ズヴェリアルスィ
（立ち上がる）	alzarsi	アルツァルスィ
億	cento milioni	チェント ミリオーニ
2億	duecento milioni	ドゥエチェント ミリオーニ
置く	mettere	メッテレ
奥さん	signora	スィニョーラ
臆病な	timido/da	ティミド/ダ
臆病者	timido/da	ティミド/ダ
送り主	mittente	ミッテンテ
送る	mandare	マンダーレ
＜物を送る＞	mandare	マンダーレ

＜人を見送る＞	salutare	サルターレ
遅れる	essere in ritardo	エッセレ イン リタルド
起こす	alzare	アルツァーレ
怒る	arrabbiarsi	アルラビアルスィ
起こる	succedere	スッチェーデレ
＜事件が起こる＞	succede un caso	スッチェーデ ウン カーソ
おじ	zio ◘	ツィーオ
おじいさん	nonno ◘	ノンノ
教える	insegnare	インセニャーレ
おしぼり	tovaglietta ◘ umida	トヴァリエッタ ウミダ
押す	spingere	スピンジェレ
雄（おす）	maschio ◘	マスキオ
お世辞	lusinghe ◘（複）	ルズィンゲ
遅い（速度）	lento/ta	レント/タ
（時間が）	tardi	タルディ
襲う	attaccare	アッタッカーレ
恐ろしい	spaventoso/sa	スパヴェントーソ/ザ
落ちついた	calmo/ma	カルモ/マ
落ちる	cadere	カデーレ
夫	marito ◘	マリート
音	suono ◘	スオーノ
弟	fratello ◘ minore	フラテッロ ミノーレ
男	uomo ◘	ウオーモ
	uomini ◘（複）	ウオーミニ
脅す	minacciare	ミナッチャーレ
訪れる	visitare	ヴィズィターレ
おととい	l'altro ieri	ラルトロ イエーリ
おととし	due anni fa	ドゥエ アンニ ファ
大人	adulto/ta	アドゥルト/タ
おとなしい	quieto/ta	クイエート/タ
踊る	ballare	バッラーレ
驚く／驚かす	sorprendersi	ソルプレンデルスィ
	／sorprendere	ソルプレンデレ
同じ	uguale	ウグワーレ
おば	zia ◘	ツィーア
おばあさん	nonna ◘	ノンナ
おはよう	buon giorno	ブオン ジョルノ
オフィス	ufficio ◘	ウッフィーチョ
オペレーター	operatore/trice	オペラトーレ/トリーチェ
覚える	ricordare	リコルダーレ
おめでとう	auguri	アウグーリ
重い	pesante	ペザンテ
思い出	memoria ◘	メモリア
思い出す	ricordarsi	リコルダルスィ
思う	pensare	ペンサーレ
おもしろい	interessante	インテレッサンテ
主な	importante	インポルタンテ
親	genitore ◘	ジェニトーレ
おやすみなさい	buona notte	ブオナ ノッテ
泳ぐ	nuotare	ヌオターレ
降りる	scendere	シェンデレ
＜バスを降りる＞	scendere dall'autobus	シェンデレ ダッラウトブス
＜下に降りる＞	scendere	シェンデレ
お礼	grazie ◘（複）	グラーツィエ
折れる	rompersi	ロンペルスィ
オレンジ（果実）	arancia ◘	アランチャ
（木）	arancio ◘	アランチョ
オレンジ色	arancione ◘	アランチョーネ
オレンジジュース	succo ◘ d'arancia	スッコ ダランチャ
愚かな	sciocco/ca	ショッコ/カ
終わり／終わる	fine ◘	フィーネ

	/ finire フィニーレ		ピアット ディ フルッティ ディ マーレ
音楽	musica 🔲 ムズィカ	階段	scala 🔲 スカーラ
温泉	terme 🔲 (複) テルメ	快適な	comodo/da コモド/ダ
温度	temperatura 🔲 テンペラトゥーラ	ガイド	guida 🔲 グイーダ
女	donna 🔲 ドンナ	開発／開発する	
オンライン	on line オンライン		sviluppo 🔲 ズヴィルッポ

か

			/ sviluppare ズヴィルッパーレ
蚊	zanzara 🔲 ザンザーラ		＜新製品を開発する＞
(～の) ガールフレンド			sviluppare un nuovo prodotto
	la ragazza 🔲 di ~		ズヴィルッパーレ ウン
	ラ ラガッツァ ディ		ヌオーヴォ プロドット
階	piano 🔲 ピアーノ	買物	spesa 🔲 スペーザ
3F	secondo piano セコンド ピアーノ	＜買物をする＞ fare la spesa	
海外	estero 🔲 エステロ		ファーレ ラ スペーザ
海外旅行 viaggio 🔲 all'estero		会話	dialogo 🔲 ディアロゴ
	ヴィアッジョ アッレステロ	＜会話をする＞ parlare パルラーレ	
海岸	costa 🔲 コスタ	買う	comprare コンプラーレ
会議	congresso 🔲 コングレッソ	飼う	tenere テネーレ
海軍	marina 🔲 militare	カウンター bancone 🔲 バンコーネ	
	マリーナ ミリターレ	返す	restituire レスティトゥイーレ
会計	contabilità 🔲 コンタビリタ	換える	cambiare カンビアーレ
外国	estero 🔲 エステロ	変える	cambiare カンビアーレ
外国語 lingua 🔲 straniera		帰る	tornare トルナーレ
	リングワ ストラニエーラ	顔	faccia 🔲 ファッチャ
外国人 straniero/ra ストラニエーロ/ラ		顔色	viso 🔲 ヴィーゾ
会社	ditta 🔲 ディッタ	香り	odore 🔲 オドーレ
会社員 impiegato/ta インピエガート/タ		価格	prezzo 🔲 プレッツォ
外出／外出する uscita 🔲 ウシータ		化学	chimica 🔲 キミカ
	/ uscire ウシーレ	科学	scienza 🔲 シエンツァ
快晴の sereno/na セレーノ/ナ		鏡	specchio 🔲 スペッキオ
解説する spiegare スピエガーレ		係員	personale 🔲 ペルソナーレ
改善／改善する miglioramento 🔲		(時間が) かかる ci vuole チ ヴオーレ	
	ミリオラメント	＜3時間かかる＞	
	/ migliorare ミリオラーレ		ci vogliono tre ore
海鮮料理 piatto 🔲 di frutti di mare			チ ヴォッリオノ トレ オーレ
		柿	cachi 🔲 カキ ((複)同形)

日本語	イタリア語	カタカナ
牡蠣（カキ）	ostrica 🄰	オストリカ
鍵	chiave 🄰	キアーヴェ
書留	raccomandata 🄰	ラッコマンダータ
書く	scrivere	スクリーヴェレ
（絵を）描く	dipingere	ディピンジェレ
家具	mobile 🄰	モービレ
確実な	sicuro/ra	スィクーロ/ラ
学者	dottore/ssa	ドットーレ／ドットレッサ
学習／学習する	studio 🄰 ／ studiare	ストゥーディオ／ストゥディアーレ
学生	studente/ssa	ストゥデンテ／ストゥデンテッサ
拡大／拡大する	ingrandimento 🄰 ／ ingrandire	イングランディメント／イングランディーレ
学長	rettore/trice	レットーレ/トリーチェ
確認／確認する	conferma 🄰 ／ confermare	コンフェルマ／コンフェルマーレ
学年	anno 🄰	アンノ
学部	facoltà 🄰 （（複）同形）	ファコルタ
経済学部	facoltà 🄰 d'economia	ファコルタ デコノミーア
革命	rivoluzione 🄰	リヴォルツィオーネ
学問	studio 🄰	ストゥーディオ
学歴	curriculum studi 🄰	クルリクルム ストゥーディ
影／陰	ombra 🄰	オンブラ
賭ける	scommettere	スコンメッテレ
掛ける	appendere	アッペンデレ
＜水を掛ける＞	spruzzare	スプルッツァーレ
＜2に3を掛ける＞	moltiplicare 2 per 3	モルティプリカーレ ドゥエ ペル トレ
過去	passato 🄰	パッサート
傘	ombrello 🄰	オンブレッロ
飾る	abbellire	アッベッリーレ
菓子	dolce 🄰	ドルチェ
火事	incendio 🄰	インチェンディオ
賢い	intelligente	インテッリジェンテ
過失	sbaglio 🄰	ズバッリオ
歌手	cantante 🄰🄰	カンタンテ
貸す	prestare	プレスターレ
＜お金を貸す＞	prestare i soldi	プレスターレ イ ソルディ
数	numero 🄰	ヌーメロ
ガス	gas 🄰	ガス
風	vento 🄰	ヴェント
風邪	raffreddore 🄰	ラッフレッドーレ
＜風邪をひく＞	essere raffreddato/ta	エッセレ ラッフレッダート/タ
数える	contare	コンターレ
＜お金を数える＞	contare i soldi	コンターレ イ ソルディ
家族	famiglia 🄰	ファミッリア
ガソリン	benzina 🄰	ベンズィナ
ガソリンスタンド	distributore 🄰 di benzina	ディストリブトーレ ディ ベンズィナ
肩	spalla 🄰	スパッラ
固い	duro/ra	ドゥーロ/ラ
片づける	sistemare	スィステマーレ
片道	andata 🄰	アンダータ
語る	raccontare	ラッコンターレ

217

価値	valore ヴァローレ
課長	capo reparto カーポ レパルト
勝つ	vincere ヴィンチェレ
学科	dipartimento ディパルティメント
がっかりする	essere deluso/sa エッセレ デルーゾ/ザ
学期	semestre セメストレ
楽器	strumento musicale ストゥルメント ムズィカーレ
かっこいい	fare bella figura ファーレ ベッラ フィグーラ
かっこ悪い	fare brutta figura ファーレ ブルッタ フィグーラ
学校	scuola スクオーラ
勝手に	senza permesso センツァ ペルメッソ
家庭	famiglia ファミッリア
角	angolo アンゴロ
家内	mia moglie ミア モッリエ
かなわない（願いなどが）	non realizzarsi ノン レアリッザルスィ
悲しい	triste トリステ
悲しむ	essere triste エッセレ トリステ
必ず	certamente チェルタメンテ ＜必ず行く＞ andare certamente アンダーレ チェルタメンテ
かなり	molto モルト かなり上手 molto bene モルト ベーネ
かに	granchio グランキオ
金（お金）	soldi（複） ソルディ ＜金を払う＞ pagare パガーレ
金持ち	ricco/ca リッコ/カ
彼女	lei レイ

かばん	borsa ボルサ
花瓶	vaso ヴァーゾ
株	azione アツィオーネ
被る	mettersi メッテルスィ
壁	muro ムーロ
貨幣	moneta モネータ
かぼちゃ	zucca ズッカ
我慢する	（耐える）avere pazienza アヴェーレ パツィエンツァ
神（様）	Dio/Dea ディーオ/デーア
紙	carta カルタ
髪	capelli（複）カペッリ
かみそり	rasoio ラゾイオ
髪の毛	capello カペッロ
噛む	mordere モルデレ
カメラ	macchina fotografica マッキナ フォトグラーフィカ
画面	schermo スケルモ
科目	soggetto ソッジェット
粥（かゆ）	pappa パッパ
かゆい	sentire prurito センティーレ プルリート
火曜日	martedì マルテディ（（複）同形）
〜から	da 〜 ダ
カラオケ	karaoke カラオケ
カラーテレビ	televisione a colori テレヴィズィオーネ ア コローリ
辛い	piccante ピッカンテ
辛子	senape セーナペ
カラス	corvo コルヴォ
ガラス	vetro ヴェトロ
体／身体	corpo コルポ
カリキュラム	programma プログランマ
仮縫いする	imbastire インバスティーレ
借りる	prendere in prestito

プレンデレ イン プレスティト
<金を借りる>
ottenere un prestito
オッテネーレ ウン プレスティト
軽い leggero/ra レッジェーロ/ラ
彼 lui ルイ
カレー curry カリ
カレーライス
riso e curry リーゾ エ カリ
カレンダー calendario カレンダリオ
カロリー caloria カロリーア
川 fiume フィウメ
皮 pelle ペッレ
かわいい carino/na カリーノ/ナ
かわいそうな povero/ra ポーヴェロ/ラ
乾く／乾かす
asciugarsi アッシュガルスィ
／ asciugare アッシュガーレ
代わりに invece インヴェーチェ
変わる cambiare カンビアーレ
〜間（かん） per 〜 ペル
1年間 per un anno ペル ナンノ
缶（飲み物）lattina ラッティーナ
（食べ物）scatola スカートラ
癌（がん）cancro カンクロ
肝炎 epatite エパティーテ
考え／考える
pensiero ペンスィエーロ
／ pensare ペンサーレ
<問題を考える> pensare un problema
ペンサーレ ウン プロブレーマ
眼科 oculistica オクリスティカ
感覚 senso センソ
間隔 intervallo インテルヴァッロ
乾季 stagione secca
スタジョーネ セッカ

缶切り apriscatole アプリスカートレ
 ((複) 同形)
環境 ambiente アンビエンテ
関係 relazione レラツィオーネ
 国際関係 relazione internazionale
レラツィオーネ インテルナツィオナーレ
 <私は関係ない> non è affar mio
ノ ネ アッファール ミオ
歓迎／歓迎する
benvenuto ベンヴェヌート
／ dare il benvenuto
ダーレ イル ベンヴェヌート
観光 turismo トゥリズモ
 観光旅行 viaggio turistico
ヴィアッジョ トゥリスティコ
（〜に）関しては per ペル
看護／看護する
assistenza アッスィステンツァ
／ assistere アッスィステレ
 看護師 infermiere/ra
インフェルミエーレ/ラ
韓国 Corea del Sud
コレア デル スッド
 <韓国人> coreano/na コレアーノ/ナ
観察／観察する osservazione
オッセルヴァツィオーネ
／ osservare オッセルヴァーレ
漢字 kanji カンジ ((複) 同形)
患者 malato/ta マラート/タ
感情 emozione エモツィオーネ
勘定／勘定する conto コント
／ contare コンターレ
 <お勘定してください。>
Il conto, per favore.
イル コント ペル ファヴォーレ
感謝／感謝する

	grazie □(複) グラーツィエ／ringraziare リングラツィアーレ			スターレ アッテント/タ
感じる	sentire センティーレ	木／樹	albero □ アルベロ
関心	interesse □ インテレッセ	黄色	giallo □ ジャッロ
関心がある	interessarsi インテレッサルスィ	消える	scomparire スコンパリーレ
関節	giuntura □ ジュントゥーラ	記憶	memoria □ メモリア
肝臓	fegato □ フェーガト	機会	occasione □ オッカズィオーネ
勘違いをする		機械	macchina □ マッキナ
	capire male カピーレ マーレ	議会	consiglio □ コンスィッリオ
官庁	ufficio □ governativo ウッフィーチョ ゴヴェルナティーヴォ	気軽に	liberamente リベラメンテ
		期間	periodo □ ペリオド
		機関	organo □ オルガノ
官庁街	quartiere □ governativo クワルティエーレ ゴヴェルナティーヴォ	聞く	sentire／ascoltare センティーレ／アスコルターレ
		＜音楽を聞く＞ ascoltare la musica アスコルターレ ラ ムズィカ
缶詰	scatola □ スカートラ	危険な	pericoloso/sa ペリコローゾ/ザ
乾電池	batteria □ バッテリーア	機嫌がいい／悪い	
頑張る	sforzarsi スフォルツァルスィ	essere di buon umore／mal umore エッセレ ディ ブオン ウモーレ／マルモーレ
看板	insegna □ インセーニャ	
慣用句	frase □ idiomatica フラーゼ イディオマティカ	期限	termine □ テルミネ
		気候	clima □ クリーマ（(複) climi）
管理する	amministrare アンミニストラーレ	記号	segno □ セーニョ
		帰国	tornata □ in patria トルナータ イン パトリア
管理人	amministratore/trice アンミニストラトーレ/トリーチェ	技師	ingegnere/ra インジェニエーレ/ラ
完了／完了する		汽車	treno □ トレーノ
	completo □ コンプレート／completare コンプレターレ	記者	giornalista □□ ジョルナリスタ（(複) giornalisti）
		傷	sfregio □ スフレージョ

き

		キス	bacio □ バーチョ
気に入る	piacere ピアチェーレ	＜キスをする＞ dare un bacio ダーレ ウン バーチョ
気にしない	non preoccuparsi ノン プレオックパルスィ	季節	stagione □ スタジョーネ
		北	nord □ ノルド
気をつける	stare attento/ta	汚い	sporco/ca スポルコ/カ

貴重品	oggetto di valore	オッジェット ディ ヴァローレ
きちんとしている		
（身なりが）	pulito/ta	プリート/タ
（物事が）	ordinato/ta	オルディナート/タ
きつい（窮屈な）	stretto/ta	ストレット/タ
（仕事が大変）	duro/ra	ドゥーロ/ラ
きっと	sicuramente	スィクラメンテ
喫茶店	caffè	カッフェ（（複）同形）
切手	francobollo	フランコボッロ
切符	biglietto	ビリエット
絹	seta	セータ
昨日	ieri	イエーリ
きのこ	fungo	フンゴ
厳しい	rigido/da	リジド/ダ
寄付する	donare	ドナーレ
気分がいい／悪い	sentirsi bene / male	センティルスィ ベーネ／マーレ
希望／希望する	speranza / sperare	スペランツァ／スペラーレ
決まる／決める	essere deciso/sa / decidere	エッセレ デチーゾ/ザ／デチーデレ
奇妙な	strano/na	ストラーノ/ナ
義務	obbligo	オッブリゴ
客	ospite	オスピテ
キャッシュカード	bancomat	バンコマット
キャベツ	cavolo	カーヴォロ
キャンセル／キャンセルする	cancellazione / cancellare	カンチェッラツィオーネ／カンチェッラーレ
キャンパス	campus	カンプス
九	nove	ノーヴェ
休暇	ferie（複）	フェーリエ
救急車	ambulanza	アンブランツァ
休憩／休憩する	riposo / riposare	リポーゾ／リポザーレ
休憩時間	break	ブレイク
急行	rapido	ラピド
休日	giorno di riposo	ジョルノ ディ リポーゾ
宮殿	palazzo	パラッツォ
牛肉	manzo	マンゾ
（子牛）	vitello	ヴィテッロ
牛乳	latte	ラッテ
給油する	distribuire benzina	ディストリブイーレ ベンズィナ
きゅうり	cetriolo	チェトリオーロ
給料	stipendio	スティペンディオ
今日	oggi	オッジ
教育／教育する	educazione / educare	エドゥカツィオーネ／エドゥカーレ
教科書	libro di testo	リーブロ ディ テスト
教師	insegnante	インセニャンテ
行事	avvenimento	アッヴェニメント
教室	aula	アウラ
教授	professore/ssa	プロフェッソーレ／プロフェッソーレッサ
狭心症	stenocardia	ステノカルディーア
強制する	costringere	コストリンジェレ
競争／競争する	concorrenza / concorrere	コンコルレンツァ／コンコルレレ
兄弟	fratello	フラテッロ

興味がある	interessarsi インテレッサルスィ
興味深い	interessante インテレッサンテ
協力／協力する	collaborazione コッラボラツィオーネ／collaborare コッラボラーレ
許可／許可する	permesso ペルメッソ／permettere ペルメッテレ
漁業	pesca ペスカ
去年	l'anno scorso ランノ スコルソ
距離	distanza ディスタンツァ
嫌いだ	odiare オディアーレ
気楽に	senza pensieri センツァ ペンスィエーリ
霧	nebbia ネッビア
ギリシャ	Grecia グレーチャ
切る	tagliare タッリアーレ
＜野菜を切る＞	tagliare la verdura タッリアーレ ラ ヴェルドゥーラ
着る	mettersi メッテルスィ
＜服を着る＞	vestirsi ヴェスティルスィ
きれいな	bello/la ベッロ/ラ
キログラム	chilo キーロ
キロメートル	chilometro キロメトロ
金	oro オーロ
金額	somma ソンマ
銀	argento アルジェント
銀行	banca バンカ
近視	miopia ミオピーア
禁止／禁止する	proibizione プロイビツィオーネ／proibire プロイビーレ
金星	Venere ヴェーネレ
金銭	soldi (複) ソルディ
勤勉な	diligente ディリジェンテ
金曜日	venerdì ヴェネルディ ((複) 同形)

く

空軍	Aeronautica Militare アエロナウティカ ミリターレ
空港	aeroporto アエロポルト
草	erba エルバ
臭い	puzzare プッツァーレ
腐る	marcire マルチーレ
櫛（くし）	pettine ペッティネ
屑	rifiuti (複) リフィウーティ
屑かご	cestino チェスティーノ
くすぐったい	sentire il solletico センティーレ イル ソッレティコ
薬	medicina メディチーナ
管	tubo トゥーボ
（〜を）ください	dia ディーア
＜これをください。＞	Prendo questo. プレンド クエスト
果物	frutta フルッタ
口	bocca ボッカ
唇	labbro ラッブロ
	labbra (複) ラッブラ
口紅	rossetto ロッセット
靴	scarpe (複) スカルペ
靴下	calze (複) カルツェ
国	paese パエーゼ
首	collo コッロ
熊	orso オルソ
組合	unione ウニオーネ
労働組合	sindacato operaio スィンダカート オペライオ
雲	nube ヌーベ
悔しい	essere dispiaciuto/ta エッセレ ディスピアチュート/タ

暗い	scuro/ra	スクーロ/ラ
グラス	bicchiere	ビッキエーレ
比べる	confrontare	コンフロンターレ
グラム	grammo	グランモ
クリスマス	Natale	ナターレ
来る	venire	ヴェニーレ
グループ	gruppo	グルッポ
苦しい	doloroso/sa	ドロローソ/ザ
車	macchina	マッキナ
＜車を運転する＞	guidare la macchina	グイダーレ ラ マッキナ
＜車に乗る＞	salire in macchina	サリーレ イン マッキナ
＜車を降りる＞	scendere dalla macchina	シェンデレ ダッラ マッキナ
グレー	grigio	グリージョ
黒（色）	nero	ネーロ
加える	aggiungere	アッジュンジェレ
詳しい	intendersi	インテンデルスィ
軍	milizia	ミリーツィア
軍人	militare	ミリターレ
軍隊	milizia	ミリーツィア

け

毛	pelo	ペーロ
経営／経営する	amministrazione	アンミニストラツィオーネ
	/ amministrare	アンミニストラーレ
＜会社を経営する＞	amministrare una ditta	アンミニストラーレ ウナ ディッタ
（経営者）	amministratore/trice	アンミニストラトーレ/トリーチェ
計画／計画する	progetto	プロジェット
	/ progettare	プロジェッターレ
経験／経験する	esperienza	エスペリエンツァ
	/ fare esperienza	ファーレ エスペリエンツァ
蛍光灯	lampada al neon	ランパダ アル ネオン
経済	economia	エコノミーア
警察	polizia	ポリツィーア
警察署	stazione di polizia	スタツィオーネ ディ ポリツィーア
計算／計算する	calcolo	カルコロ
	/ calcolare	カルコラーレ
芸術	arte	アルテ
携帯電話	telefonino	テレフォニーノ
競馬	corsa ippica	コルサ イッピカ
経費	costo	コスト
軽蔑／軽蔑する	disprezzo	ディスプレッツォ
	/ disprezzare	ディスプレッツァーレ
契約／契約する	contratto	コントラット
	/ fare un contratto	ファーレ ウン コントラット
経歴	curriculum	クルリクルム
けいれん	crampo	クランポ
怪我	ferita	フェリータ
ケーキ	torta	トルタ
劇	dramma ((複) drammi)	ドランマ
今朝	questa mattina	クエスタ マッティーナ
景色	panorama ((複) panorami)	パノラーマ
消しゴム	gomma	ゴンマ

223

下車する	scendere シェンデレ		アヴェーレ ラ ディアルレーア
下旬	l'ultima decade ◘ del mese ルルティマ デーカデデル メーゼ	蹴る	dare un calcio ダーレ ウン カルチョ
化粧／化粧する	trucco ◘ トゥルッコ／truccarsi トゥルッカルスィ	原因	causa ◘ カウーザ
化粧品	cosmetico ◘ コズメティコ	けんか／けんかする	lotta ◘ ロッタ／lottare ロッターレ
消す	spegnere スペーニェレ ＜電気を消す＞ spegnere la luce スペーニェレ ラ ルーチェ	見学／見学する	visita ◘ ヴィズィタ／visitare ヴィズィターレ
けちな	avaro/ra アヴァーロ/ラ	玄関	ingresso ◘ イングレッソ
血圧	pressione ◘ プレッスィオーネ ＜血圧が高い／低い＞ avere la pressione alta／bassa アヴェーレ ラ プレッスィオーネ アルタ／バッサ	元気です	sto bene スト ベーネ
		研究／研究する	studio ◘ ストゥーディオ／studiare ストゥディアーレ ＜科学を研究する＞ studiare scienza ストゥディアーレ シエンツァ
結果	risultato ◘ リズルタート	研究所	laboratorio ◘ ラボラトーリオ
月給	mensile ◘ メンスィーレ	**現金**	denaro ◘ contante デナーロ コンタンテ
結構です（いらない）	no, grazie ノ グラーツィエ （褒める時）bene ベーネ	**言語**	lingua ◘ リングワ
		健康	salute ◘ サルーテ
結婚／結婚する	matrimonio ◘ マトリモーニオ／sposarsi スポザルスィ	検査／検査する	esame ◘ エザーメ／esaminare エザミナーレ
		現在	presente ◘ プレゼンテ
決心／決心する	decisione ◘ デチズィオーネ／decidere デチーデレ	検索／検索する	ricerca ◘ リチェルカ／ricercare リチェルカーレ
欠席する	essere assente エッセレ アッセンテ	検索エンジン	motore ◘ di ricerca モトーレ ディ リチェルカ
月賦	rata ◘ mensile ラータ メンスィーレ	減少／減少する	diminuzione ◘ ディミヌツィオーネ／diminuire ディミヌイーレ
月曜日	lunedì ◘ ルネディ（(複)同形）	建設する	costruire コストゥルイーレ
解熱剤	antifebbrile ◘ アンティフェッブリーレ	現代	oggi ◘ オッジ
		建築	architettura ◘ アルキテットゥーラ
下痢／下痢をする	diarrea ◘ ディアルレーア／avere la diarrea	検討／検討する	esame ◘ エザーメ／esaminare エザミナーレ

見物する	vedere ヴェデーレ
憲法	costituzione ◘ コスティトゥツィオーネ
権利	diritto ◘ ディリット

こ

子	bambino/na バンビーノ/ナ
五	cinque ◘ チンクエ
濃い（色が）	scuro/ra スクーロ/ラ
（液体が）	denso/sa デンソ/サ
恋	amore ◘ アモーレ
恋人	amato/ta アマート/タ
乞う	chiedere キエーデレ
合意／合意する	accordo ◘ アッコルド／ consentire コンセンティーレ
幸運な	fortunato/ta フォルトゥナート/タ
公園	giardino ◘ pubblico ジャルディーノ プッブリコ
後悔／後悔する	pentimento ◘ ペンティメント／ pentirsi ペンティルスィ
郊外	periferia ◘ ペリフェリーア
公害	inquinamento ◘ インクイナメント
合格／合格する	successo ◘ スッチェッソ／ passare パッサーレ
交換／交換する	scambio ◘ スカンビオ／ scambiare スカンビアーレ
講義／講義する	lezione ◘ レツィオーネ／ dare lezione ダーレ レツィオーネ
工業	industria ◘ インドゥストリア
航空会社	compagnia ◘ aerea コンパニーア アエレア
航空機	aeroplano ◘ アエロプラーノ

航空券	biglietto ◘ aereo ビリエット アエレオ
航空便	via ◘ aerea ヴィーア アエレア
合計	totale ◘ トターレ
高校	scuola ◘ media superiore スクオーラ メディア スペリオーレ
広告	pubblicità ◘ プッブリチタ
交際／（～と）交際する	rapporto ◘ ラッポルト／ avere rapporto (con ~) アヴェーレ ラッポルト（コン）
口座	conto ◘ コント
銀行口座	conto ◘ bancario コント バンカーリオ
公衆	il pubblico ◘ イル プッブリコ
公衆電話	telefono ◘ pubblico テレフォノ プッブリコ
交渉／交渉する	trattativa ◘ トラッタティーヴァ／ negoziare ネゴツィアーレ
工場	fabbrica ◘ ファッブリカ
香水	profumo ◘ プロフーモ
洪水	inondazione ◘ イノンダツィオーネ
抗生物質	antibiotico ◘ アンティビオティコ
高速道路	autostrada ◘ アウトストラーダ
紅茶	tè ◘ テ
校長（中学・高校の）	preside ◘◘ プレスィデ
（小学校の）	direttore/trice didattico/ca ディレットーレ ディダッティコ／ディレットリーチェ ディダッティカ
交通	traffico ◘ トラッフィコ
交通事故	incidente ◘ stradale インチデンテ ストラダーレ

225

交通渋滞	ingorgo stradale インゴルゴ ストラダーレ
交番	posto di polizia ポスト ディ ポリツィーア
幸福	felicità フェリチタ
興奮／興奮する	agitazione アジタツィオーネ／agitarsi アジタルスィ
公務員	pubblico ufficiale プッブリコ ウッフィチャーレ
声	voce ヴォーチェ
きれいな声	bella voce ベッラ ヴォーチェ
コーヒー	caffè カッフェ（(複) 同形)
コーラ	Coca-Cola コーカコーラ
氷	ghiaccio ギアッチョ
誤解／誤解する	malinteso マリンテーゾ／capire male カピーレ マーレ
五月	maggio マッジョ
小切手	assegno bancario アッセーニョ バンカーリオ
ゴキブリ	scarafaggio スカラファッジョ
国王	re レ
国際的	internazionale インテルナツィオナーレ
黒板	lavagna ラヴァーニャ
国民	popolo ポポロ
国立の	statale スタターレ
国立図書館	biblioteca nazionale ビブリオテーカ ナツィオナーレ
ご苦労さま	buon lavoro ブオン ラヴォーロ
ここ	qui クイ
ここから	da qui ダ クイ
ここで	qui クイ
午後	pomeriggio ポメリッジョ
午後に	nel pomeriggio ネル ポメリッジョ
ココア	cioccolata チョッコラータ
心	cuore クオーレ
志す	volere ヴォレーレ
試みる	tentare テンターレ
腰	fianchi (複) フィアンキ
乞食	accattone/na アッカットーネ/ナ
胡椒	pepe ペーペ
個人	individuo インディヴィードゥオ
小銭	spiccioli (複) スピッチョリ
午前	mattina マッティーナ
午前中	la mattina ラ マッティーナ
答／答える	risposta リスポスタ／rispondere リスポンデレ
ご馳走さま	grazie グラーツィエ
こちら	questa parte クエスタ パルテ
国家	stato スタート
国歌	inno nazionale インノ ナツィオナーレ
国会	parlamento パルラメント
国会議員	parlamentare パルラメンターレ
国旗	bandiera nazionale バンディエーラ ナツィオナーレ
国境	frontiera フロンティエーラ
こっけいな	comico/ca コミコ/カ
小包	pacco パッコ
小包郵便	pacco postale パッコ ポスターレ
コップ	bicchiere ビッキエーレ
今年	questo anno クエスト アンノ
異なった	diverso/sa ディヴェルソ/サ
古典	classico クラッスィコ
言葉	parola パローラ

子ども	bambino/na	バンビーノ/ナ
ことわざ	proverbio ◘	プロヴェルビオ
断る	rifiutare	リフィウターレ
粉	polvere ◘	ポルヴェレ
コネ	nepotismo ◘	ネポティズモ
この	questo/ta	クエスト/タ
この本	questo libro ◘	クエスト リーブロ
この頃	questi giorni	クエスティ ジョルニ
この辺	questa parte ◘	クエスタ パルテ
好む	amare	アマーレ
この様な	come questo	コメ クエスト
ご飯	pasto ◘	パスト
＜ご飯を食べる＞	fare un pasto	ファーレ ウン パスト
(〜に) ご無沙汰する	non farsi sentire per lungo tempo	ノン ファルスィ センティーレ ペル ルンゴ テンポ
こぼれる	cadere	カデーレ
胡麻	sesamo ◘	セーザモ
細かい	fine	フィーネ
困る	imbarazzarsi	インバラッツァルスィ
ゴミ	rifiuti ◘(複)	リフィウーティ
ゴミ箱	contenitore ◘ per rifiuti	コンテニトーレ ペル リフィウーティ
小道	sentiero ◘	センティエーロ
混む	affollare	アッフォッラーレ
＜道が混む＞	il traffico è intenso	イル トラッフィコ エ インテンソ
ゴム	gomma ◘	ゴンマ
小麦	farina ◘	ファリーナ
米	riso ◘	リーゾ
ゴルフ	golf ◘	ゴルフ
これ	questo	クエスト
〜頃	verso	ヴェルソ
殺す	ammazzare / uccidere	アンマッツァーレ / ウッチーデレ
怖い	avere paura	アヴェーレ パウラ
壊す	rompere	ロンペレ
壊れる	rompersi	ロンペルスィ
今回	questa volta	クエスタ ヴォルタ
今月	questo mese	クエスト メーゼ
今後	dopo questo	ドーポ クエスト
今週	questa settimana	クエスタ セッティマーナ
今度	la prossima volta	ラ プロッスィマ ヴォルタ
コンドーム	preservativo ◘	プレセルヴァティーヴォ
こんな	come questo	コメ クエスト
こんにちは	buon giorno	ブオン ジョルノ
こんばんは	buona sera	ブオナ セーラ
コンピューター	computer ◘	コンピューテル
今夜	stasera	スタセーラ
婚約／婚約する	fidanzamento ◘ / fidanzarsi	フィダンツァメント / フィダンツァルスィ
婚約者	fidanzato/ta	フィダンツァート/タ

さ

サービス	servizio ◘	セルヴィーツィオ
サービス料	il prezzo del servizio ◘	イル プレッツォ デル セルヴィーツィオ
歳（年齢）	anni ◘(複)	アンニ

227

最近	questi giorni クエスティ ジョルニ
財産	fortuna フォルトゥーナ
最後の	ultimo/ma ウルティモ/マ
最初の	primo/ma プリーモ/マ
最新の	ultimo/ma ウルティモ/マ
サイズ（服の）	taglia タッリア
（靴の）	numero ヌーメロ
サイト	sito スィート
再入国	rientro リエントロ
才能	genio ジェーニオ
裁判	giudizio ジュディーツィオ
裁判所	corte コルテ
財布	portafoglio ポルタフォッリオ
サイン／サインする	firma フィルマ／ firmare フィルマーレ
探す	cercare チェルカーレ
魚	pesce ペッシェ
魚を釣る	pescare ペスカーレ
下がる	scendere シェンデレ
先	prima プリーマ
＜お先に失礼＞	permesso ペルメッソ
咲く	fiorire フィオリーレ
昨日	ieri イエーリ
昨年	l'anno scorso ランノ スコルソ
作文	composizione コンポズィツィオーネ
昨夜	ieri sera イエーリ セーラ
酒	vino ヴィーノ
＜酒を飲む＞	bere alcolici ベーレ アルコーリチ
＜酒に酔う＞	ubriacarsi ウブリアカルスィ
叫ぶ	gridare グリダーレ
下げる	abbassare アッパッサーレ
＜値段を下げる＞	abbassare il prezzo アッパッサーレ イル プレッツォ
刺身	sashimi サシミ
査証	visto ヴィスト
指す	indicare インディカーレ
座席	posto ポスト
＜座席に座る＞	sedersi セデルスィ
左折する	girare a sinistra ジラーレ ア スィニストラ
冊（本等）	volume ヴォルーメ
撮影／撮影する（映画を）	ripresa リプレーザ／ riprendere リプレンデレ
作家	autore/trice アウトーレ/アウトリーチェ
さっき（さきほど）	poco fa ポコ ファ
雑誌	rivista リヴィスタ
殺虫剤	insetticida インセッティチーダ ((複) insetticidi)
早速	subito スビト
さつまいも	patata americana パタータ アメリカーナ
砂糖	zucchero ズッケロ
砂漠	deserto デゼルト
錆／錆びる	ruggine ルッジネ／ prendere la ruggine プレンデレ ラ ルッジーネ
寂しい	
（場所が）	solitario/a ソリターリオ/ア
（人が）	sentirsi solo/la センティルスィ ソロ/ラ
寒い	freddo/da フレッド/ダ
寒気	brivido ブリーヴィド
＜寒気がする＞	sentire i brividi センティーレ イ ブリーヴィディ
さもないと	oppure オップーレ

日本語	イタリア語	カタカナ
さようなら	arrivederci	アルリヴェデルチ
皿	piatto	ピアット
サラダ	insalata	インサラータ
更に	inoltre	イノルトレ
猿	scimmia	シンミア
触る	toccare	トッカーレ
三	tre	トレ
参加／参加する	partecipazione／partecipare	パルテチパツィオーネ／パルテチパーレ
産業	industria	インドゥストリア
産業廃棄物	rifiuti industriali	リフィウーティ インドゥストリアーリ
残業	extra	エクストラ
残念／残念です	dispiacere／mi dispiace	ディスピアチェーレ／ミ ディスピアーチェ
サンダル	sandalo	サンダロ
散髪する	farsi tagliare i capelli	ファルスィ タリアーレ イ カペッリ
散歩する	passeggiare	パッセッジャーレ

し

四	quattro	クワットロ
死	morte	モルテ
字	lettera	レッテラ
市	comune	コムーネ
ＣＤ	CD	チーディー
幸せ	felicità	フェリチタ
しいたけ	funghi shiitake (複)	フンギ シイタケ
寺院	tempio	テンピオ
塩	sale	サーレ
塩辛い	salato/ta	サラート/タ
鹿	cervo/va	チェルヴォ/ヴァ
歯科	dentista ((複) dentisti)	デンティスタ
次回	la prossima volta	ラ プロッスィマ ヴォルタ
市外電話	chiamata interurbana	キアマータ インテルウルバーナ
しかし	però	ペロ
しかしながら	tuttavia	トゥッタヴィーア
仕方がない	per forza	ペル フォルツァ
四月	aprile	アプリーレ
叱る	rimproverare	リンプロヴェラーレ
時間	tempo	テンポ
＜時間がかかる＞	ci vuole tempo	チ ヴオーレ テンポ
時間表	orario	オラーリオ
四季	le quattro stagioni (複)	レ クワットロ スタジョーニ
試験	esame	エザーメ
試験問題	domanda	ドマンダ
資源	risorsa	リソルサ
事故	incidente	インチデンテ
交通事故	incidente stradale	インチデンテ ストラダーレ
自己紹介する	presentarsi	プレゼンタルスィ
仕事	lavoro	ラヴォーロ
＜仕事をする＞	fare il lavoro	ファーレ イル ラヴォーロ
＜仕事を休む＞	non lavorare	ノン ラヴォラーレ
辞書	dizionario	ディツィオナーリオ
試食する	provare	プロヴァーレ

自信／自信がある	sicurezza di sè スィクレッツァ ディ セ／ essere sicuro/ra エッセレ スィクーロ/ラ
地震	terremoto テルレモート
静かな（穏やかな）	calmo/ma カルモ/マ
（平穏な）	quieto/ta クイエート/タ
（音のない）	silenzioso/sa スィレンツィオーゾ/ザ
システム	sistema スィステーマ（(複) sistemi）
自然	natura ナトゥーラ
舌	lingua リングワ
下に	sotto ソット
〜したい	volere ヴォレーレ
時代	età エタ
（〜を）慕う	provare affetto per 〜 プロヴァーレ アッフェット ペル
従う（言うことに）	ubbidire ウッビディーレ
（後に）	seguire セグイーレ
下着	intimo インティモ
〜したことがある	avere 〜（過去分詞） アヴェーレ
親しい	intimo/ma インティモ/マ
〜した方がよい	è meglio che 〜 エ メッリオ ケ
七	sette セッテ
七月	luglio ルッリオ
試着する	provare プロヴァーレ
シーツ	lenzuolo レンツオーロ
実業家	uomo d'affari ウオモ ダッファーリ
失業／失業する	disoccupazione ディソックパツィオーネ／ perdere il lavoro ペルデレ イル ラヴォーロ
実に	infatti インファッティ
失敗／失敗する	fallimento ファッリメント／ fallire ファッリーレ
質問／質問する	domanda ドマンダ／ domandare ドマンダーレ
失礼／失礼ですが〜	Scusi, ma 〜 スクーズィ マ
失礼な	maleducato/ta マレドゥカート/タ
失恋する	essere lasciato/ta エッセレ ラシャート/タ
支店	filiale フィリアーレ
自転車	bicicletta ビチクレッタ
指導／指導する	guida グイーダ／ guidare グイダーレ
自動車	automobile アウトモービレ
市内に	in città イン チッタ
品物	oggetto オッジェット
死ぬ	morire モリーレ
芝居	dramma ドランマ（(複) drammi）
支配人	gestore/trice ジェストーレ/トリーチェ
しばしば	spesso スペッソ
芝生	prato プラート
支払い／支払う	pagamento パガメント／ pagare パガーレ
しばらく	un bel tratto ウン ベル トラット
縛る	legare レガーレ
耳鼻咽喉科医	otorinolaringoiatra オトリノラリンゴイアトラ（(複) otorinolaringoiatri）
自分（私）	me メ
自分自身（で）	stesso/sa ステッソ/サ

日本語	イタリア語	カタカナ
脂肪	grasso	グラッソ
絞る	spremere	スプレーメレ
資本	capitale	カピターレ
資本主義	capitalismo	カピタリズモ
島	isola	イーゾラ
事務所	ufficio	ウッフィーチョ
氏名	nome e cognome	ノーメ エ コニョーメ
使命	missione	ミッスィオーネ
示す	mostrare	モストラーレ
閉める	chiudere	キウーデレ
社員	dipendente	ディペンデンテ
社会	società	ソチエタ
じゃがいも	patata	パタータ
蛇口	rubinetto	ルビネット
車庫	autorimessa	アウトリメッサ
車掌	conduttore/trice	コンドゥットーレ/トリーチェ
写真	fotografia	フォトグラフィーア
ジャスミン	gelsomino	ジェルソミーノ
社長	presidente	プレズィデンテ
シャツ	camicia	カミーチャ
若干の	qualche	クワルケ
借金	debito	デビト
邪魔する	disturbare	ディストゥルバーレ
ジャム	marmellata	マルメッラータ
シャワー	doccia	ドッチャ
じゃんけん	morra	モルラ
週	settimana	セッティマーナ
州	regione	レジオーネ
十	dieci	ディエチ
銃	fucile	フチーレ
自由	libertà	リベルタ
周囲に	intorno	イントルノ
十一月	novembre	ノヴェンブレ
十月	ottobre	オットーブレ
習慣	costume	コストゥーメ
週刊誌	rivista settimanale	リヴィスタ セッティマナーレ
集金／集金する	raccolta di pagamenti / raccogliere	ラッコルタ ディ パガメンティ／ラッコリエレ
宗教	religione	レリジオーネ
従業員	personale	ペルソナーレ
集合する	raccogliersi	ラッコリエルスィ
修士	master	マステル
住所	indirizzo	インディリッツォ
就職する	trovare un lavoro	トロヴァーレ ウン ラヴォーロ
ジュース	spremuta	スプレムータ
修正／修正する	modificazione / modificare	モディフィカツィオーネ／モディフィカーレ
渋滞／渋滞する	ingorgo / c'è traffico	インゴルゴ／チェ トラッフィコ
じゅうたん	tappeto	タッペート
終点	termine	テルミネ
十二月	dicembre	ディチェンブレ
充分に	abbastanza	アッパスタンツァ
充分です	basta	バスタ
シューマイ	ravioli shaomai (複)	ラヴィオリ シャオマイ
十万	centomila (複)	チェントミーラ
重要な	importante	インポルタンテ
修理／修理する	riparazione / riparare	リパラツィオーネ／リパラーレ
授業	lezione	レツィオーネ
宿題	compito	コンピト

日本語	イタリア語	カタカナ
宿泊／宿泊する	alloggio / alloggiare	アッロッジョ／アッロッジャーレ
手術／手術する	operazione / operare	オペラツィオーネ／オペラーレ
首相	Primo Ministro	プリーモ ミニストロ
主人	padrone/na	パドローネ/ナ
出血する	sanguinare	サングイナーレ
出発／出発する	partenza / partire	パルテンツァ／パルティーレ
首都	capitale	カピターレ
主婦	casalinga	カザリンガ
趣味	hobby	オビ（（複）同形）
寿命	vita	ヴィータ
種類	specie	スペーチエ（（複）同形）
準備する	preparare	プレパラーレ
しょうが	zenzero	ゼンゼロ
消化／消化する	digestione / digerire	ディジェスティオーネ／ディジェリーレ
消火する	spegnere	スペニェレ
紹介する	presentare	プレゼンターレ
正月	capodanno	カポダンノ
小学校	scuola elementare	スクオーラ エレメンターレ
乗客	passeggero/ra	パッセッジェーロ/ラ
商業	commercio	コンメルチョ
証券	titolo	ティトロ
条件	condizione	コンディツィオーネ
証拠	testimonianza	テスティモニアンツァ
正午	mezzogiorno	メッツォジョルノ
詳細	particolare	パルティコラーレ
正直な	onesto/ta	オネスト/タ
乗車する	salire	サリーレ
乗車券	biglietto	ビリエット
上旬	la prima decade del mese	ラ プリーマ デーカデ デル メーゼ
上手な	bravo/va	ブラーヴォ/ヴァ
招待／招待する	invito / invitare	インヴィート／インヴィターレ
状態	stato	スタート
冗談／冗談を言う	scherzo / scherzare	スケルツォ／スケルツァーレ
＜冗談でしょう＞	Scherzi?	スケルツィ
商人	commerciante	コンメルチャンテ
使用人	domestico/ca	ドメスティコ/カ
商売	commercio	コンメルチョ
商標	marca	マルカ
商品	merce	メルチェ
上品な	elegante	エレガンテ
丈夫な	forte	フォルテ
証明する	provare	プロヴァーレ
身分証明書	carta d'identità	カルタ ディデンティタ
正面（向き）	fronte	フロンテ
（建物）	facciata	ファッチャータ
醬油	salsa di soia	サルサ ディ ソイヤ
将来	futuro	フトゥーロ
奨励／奨励する	incoraggiamento / incoraggiare	インコラッジャメント／インコラッジャーレ
初回（初めて）	la prima volta	ラ プリーマ ヴォルタ

除外する	eliminare	エリミナーレ
職員	personale	ペルソナーレ
職業	mestiere	メスティエーレ
食事	pasto	パスト
＜食事をする＞	fare il pasto	ファーレ イル パスト
職場	lavoro	ラヴォーロ
食堂	mensa	メンサ
植物	pianta	ピアンタ
食欲	appetito	アッペティート
＜食欲がない＞	non avere appetito	ノナヴェーレ アッペティート
処女	vergine	ヴェルジネ
女性	donna／femmina	ドンナ／フェンミナ
しょっぱい	salato/ta	サラート/タ
ショッピング	spese（複）	スペーゼ
初日	il primo giorno	イル プリーモ ジョルノ
（公演の）	la prima	ラ プリーマ
署名／署名する	firma／firmare	フィルマ／フィルマーレ
書類	documento	ドクメント
知らせる	fare sapere	ファーレ サペーレ
調べる	vedere	ヴェデーレ
尻	sedere	セデーレ
私立の	privato/ta	プリヴァート/タ
（私立大学）	università privata	ウニヴェルスィタ プリヴァータ
知る	sapere	サペーレ
汁	succo	スッコ
白（色）	bianco	ビアンコ
城	castello	カステッロ
進級する	ottenere la promozione	オッテネーレ ラ プロモツィオーネ
神経	nervo	ネルヴォ
人口	popolazione	ポポラツィオーネ
審査／審査する	esame／esaminare	エザーメ／エザミナーレ
診察	consultazione	コンスルタツィオーネ
紳士	signore	スィニョーレ
神社	tempio scintoista	テンピオ シントイスタ
寝室	camera da letto	カメラ ダ レット
真珠	perla	ペルラ
人種	razza	ラッツァ
信じる	（信用する）fidarsi／（思っている）credere	フィダルスィ／クレーデレ
申請する	richiedere	リキエーデレ
親戚	parente	パレンテ
親切な	gentile	ジェンティーレ
新鮮な	fresco/ca	フレスコ/カ
心臓	cuore	クオーレ
身体	corpo	コルポ
寝台車	carrozza letto	カルロッツァ レット
診断	diagnosi（（複）同形）	ディアニョズィ
新年	anno nuovo	アンノ ヌオーヴォ
＜新年おめでとう＞	Buon anno!	ブオンアンノ
心配する	（気にかける）preoccuparsi／（気を配る）curare	プレオックパルスィ／クラーレ
新聞	giornale	ジョルナーレ
新聞スタンド	edicola	エディーコラ
進歩する	fare progressi	ファーレ プログレッスィ
深夜	mezzanotte	メッツァノッテ

信用する	fidarsi フィダルスィ
信頼する	fidarsi フィダルスィ
診療所	clinica クリーニカ

す

酢	aceto アチェート
巣	nido ニード
水泳	nuoto ヌオート
すいか	cocomero ココメロ
水牛	bufalo ブーファロ
水産	pesca ペスカ
水準	livello リヴェッロ
水晶	cristallo クリスタッロ
水上バス	vaporetto ヴァポレット
スイス	Svizzera ズヴィッツェラ
彗星	cometa コメータ
すいている	libero/ra リーベロ/ラ
水田	risaia リザイア
水道水	acqua corrente アックワ コルレンテ
睡眠	dormita ドルミータ
水曜日	mercoledì メルコレディ ((複)同形)
吸う(息を)	inspirare インスピラーレ
(たばこを)	fumare フマーレ
数字	numero ヌーメロ
スーツ	completo コンプレート
スープ	minestra ミネストラ／zuppa ツッパ
(コンソメ)	brodo ブロード
スカート	gonna ゴンナ
(〜が)**好きだ**	mi piace 〜 ミ ピアーチェ
〜すぎる	troppo トロッポ
過ぎる	passare パッサーレ
(お腹が)すく	avere fame アヴェーレ ファーメ
すぐに	subito スビト
少ない	poco/ca ポーコ/カ
少なくとも	almeno アルメーノ
スケジュール	programma プログランマ ((複) programmi)
すごい	magnifico/ca マニーフィコ/カ
少し	un po' ウン ポ
涼しい	fresco/ca フレスコ/カ
すずめ	passero パッセロ
勧める	consigliare コンスィリアーレ
スター	stella ステッラ
スタッフ	personale ペルソナーレ
頭痛	mal di testa マル ディ テスタ
ずっと	sempre センプレ
酸っぱい	aspro/ra アスプロ/ラ
ステーキ	bistecca ビステッカ
すてきだ	bello/la ベッロ/ラ
すでに	già ジャー
捨てる	buttare ブッターレ
ストライキ	sciopero ショーペロ
ストッキング	calze (複) da donna カルツェ ダ ドンナ
砂	sabbia サッピア
すなわち	cioè チョエ
すばらしい	meraviglioso/sa メラヴィリオーゾ/ザ
スプーン	cucchiaio クッキアイオ
スペイン	Spagna スパーニャ
〜**すべきだ**	dovere ドヴェーレ
すべて	tutto トゥット
滑る	scivolare シヴォラーレ
スポーツ	sport スポルト ((複)同形)
ズボン	pantaloni (複) パンタローニ
炭	carbone カルボーネ

角	angolo ◪	アンゴロ
すみません	scusi	スクーズィ
住む	abitare	アビターレ
スリッパ	pantofole ◪(複)	パントーフォレ
する	fare	ファーレ
＜仕事をする＞	fare il lavoro	ファーレ イル ラヴォーロ
ずるい	furbo/ba	フルボ/バ
鋭い（とがった）	pungente	プンジェンテ
（賢い）	spiritoso/sa	スピリトーゾ/ザ
座る	sedere	セデーレ

せ

背（背中）	schiena ◪	スキエーナ
（身長）	altezza ◪	アルテッツァ
姓	cognome ◪	コニョーメ
税	tassa ◪	タッサ
性格	carattere ◪	カラッテレ
正確な	esatto/ta	エザット/タ
生活	vita ◪	ヴィータ
税関	dogana ◪	ドガーナ
税金	tassa ◪	タッサ
清潔な	pulito/ta	プリート/タ
制限／制限する	limite ◪	リミテ
	／limitare	リミターレ
成功／成功する	successo ◪	スッチェッソ
	／avere successo	アヴェーレ スッチェッソ
政策／政治	politica ◪	ポリティカ
政治家	politico/ca	ポリティコ/カ
生産／生産する	produzione ◪	プロドゥツィオーネ
	／produrre	プロドゥッレ
性質	natura ◪	ナトゥーラ
正常な	normale	ノルマーレ
製造／製造する	produzione ◪	プロドゥツィオーネ
	／produrre	プロドゥッレ
生徒	allievo/va	アッリエーヴォ/ヴァ
聖堂	duomo ◪	ドゥオーモ
青年	ragazzo ◪	ラガッツォ
生年月日	data ◪ di nascita	ダータ ディ ナシタ
性病	malattia ◪ venerea	マラッティーア ヴェネーレア
政府	governo ◪	ゴヴェルノ
制服	uniforme ◪	ウニフォルメ
聖母	Madonna ◪	マドンナ
生命	vita ◪	ヴィータ
西洋人	occidentale ◪◪	オッチデンターレ
西洋料理	cucina ◪ occidentale	クチーナ オッチデンターレ
生理	mestruazione ◪	メストルアツィオーネ
整理する（片づける）	sistemare	スィステマーレ
世界	mondo ◪	モンド
席	posto ◪	ポスト
＜席を外している＞	non è al proprio posto	ノ ネ アル プロプリオ ポスト
咳	tosse ◪	トッセ
責任	responsabilità ◪	レスポンサビリタ
＜責任をとる＞	prendersi la responsabilità	プレンデルスィ ラ レスポンサビリタ
責任者	responsabile ◪◪	レスポンサービレ

日本語	イタリア語	カタカナ
石油	petrolio ◯	ペトローリオ
積極的な	attivo/va	アッティーヴォ/ヴァ
設計／設計する	architettura ◯	アルキテットゥーラ
	／architettare	アルキテッターレ
石鹸	sapone ◯	サポーネ
絶対に	assolutamente	アッソルタメンテ
説明／説明する	spiegazione ◯	スピエガツィオーネ
	／spiegare	スピエガーレ
節約する	risparmiare	リスパルミアーレ
背中	schiena ◯	スキエーナ
ぜひ	per forza	ペル フォルツァ
背広	giacca ◯	ジャッカ
狭い	stretto/ta	ストレット/タ
セメント	cemento ◯	チェメント
ゼロ	zero ◯	ゼーロ
千	mille ◯	ミッレ
線	linea ◯	リーネア
選挙／選挙する	elezione ◯	エレツィオーネ
	／eleggere	エレッジェレ
先月	il mese scorso	イル メーゼ スコルソ
専攻科目／専攻する	specialità ◯	スペチャリタ
	／specializzarsi	スペチャリッザルスィ
先日	l'altro giorno	ラルトロ ジョルノ
先週	la settimana scorsa	ラ セッティマーナ スコルサ
扇子	ventaglio ◯	ヴェンターリオ
先生	maestro/ra	マエストロ/ラ
全然	mai	マイ
戦争	guerra ◯	グエルラ
全体に	interamente	インテラメンテ
洗濯機	lavatrice ◯	ラヴァトリーチェ
洗濯する	lavare	ラヴァーレ
センチメートル	centimetro ◯	チェンティメトロ
栓抜き	apribottiglie ◯	アプリボッティッリエ（(複)同形）
洗髪する	lavarsi i capelli	ラヴァルスィ イ カペッリ
全部	tutto/ta	トゥット/タ
扇風機	ventilatore ◯ elettrico	ヴェンティラトーレ エレットリコ
専門家	specialista ◯ ◯	スペチャリスタ
	specialisti (複)	スペチャリスティ
専門学校	scuola ◯ di specializzazione	スクオーラ ディ スペチャリッザツィオーネ

そ

日本語	イタリア語	カタカナ
象	elefante ◯	エレファンテ
増加／増加する	aumento ◯	アウメント
	／aumentare	アウメンターレ
送金／送金する	bonifico ◯	ボニフィコ
	／fare un bonifico	ファーレ ウン ボニフィコ
送迎／送迎する	accompagnamento ◯	アッコンパニャメント
	／accompagnare	アッコンパニャーレ
掃除／掃除する	pulizie ◯ (複)	プリツィーエ
	／fare le pulizie	ファーレ レ プリツィーエ
送信する	mandare	マンダーレ
ソース	salsa ◯	サルサ
ソーセージ	salsiccia ◯	サルスィッチャ
葬式	funerale ◯	フネラーレ
相談する	consultare	コンスルターレ
双方	ambedue ◯ ◯ (複)	

	アンベドゥエ	損をする	perdere ペルデレ

た

総理大臣	Primo Ministro ◘ プリーモ ミニストロ	大学	università ◘ ウニヴェルスィタ／（（複）同形）
僧侶	bonzo ◘ ボンゾ	大学生	studente/ssa universitario/a ストゥデンテ ウニヴェルスィターリオ /ストゥデンテッサ ウニヴェルスィターリア
俗語	volgare ◘ ヴォルガーレ		
速達	espresso ◘ エスプレッソ		
ソケット	presa ◘ プレーザ		
底	fondo ◘ フォンド	代議士	parlamentare ◘◘ パルラメンターレ
そして	e poi エ ポイ		
育つ／育てる	crescere クレッシェレ	代金	prezzo ◘ プレッツォ
そちら	parte Sua ◘ パルテ スア	大工	carpentiere/ra カルペンティエーレ/ラ
卒業する	laurearsi ラウレアルスィ		
袖	manica ◘ マニカ	退屈な	noioso/sa ノイオーゾ/ザ
外で	fuori フオーリ	体験	esperienza ◘ エスペリエンツァ
その通り	esatto エザット	大根	ravanello ◘ giapponese ラヴァネッロ ジャッポネーゼ
	その通りに così コズィ		
そのような	così コズィ	大使	ambasciatore/trice アンバッシャトーレ/トリーチェ
側（そば）に	accanto アッカント		
ソファー	divano ◘ ディヴァーノ	大使館	ambasciata ◘ アンバッシャータ
染める	tingere ティンジェレ	体重	peso ◘ ペーゾ
	＜髪を染める＞ tingere i capelli ティンジェレ イ カペッリ	大丈夫	va bene ヴァベーネ
		大豆	soia ◘ ソイア
空	cielo ◘ チエーロ	大臣	ministro ◘ ミニストロ
剃る	radere ラーデレ	大切な	（重要な） importante インポルタンテ
	＜剃ってもらう＞ farsi radere ファルスィ ラーデレ		
			（手放しがたい）caro/ra カーロ/ラ
それ	quello/la クエッロ/ラ	だいたい	（時刻）verso ヴェルソ
	それから（後は） dopo quello ドーポ クエッロ		（数量）circa チルカ
		たいてい	in generale イン ジェネラーレ
	それだけ（同じほど）così コズィ	台所	cucina ◘ クチーナ
	それでは allora アッローラ	タイトル	titolo ◘ ティートロ
	それとも oppure オップーレ	代表	（人）rappresentante ◘◘ ラップレゼンタンテ
そろって	insieme インスィエーメ		
損害	danno ◘ ダンノ		（行為）rappresentanza ◘ ラップレゼンタンツァ
尊敬／尊敬する	rispetto ◘ リスペット／rispettare リスペッターレ		

237

だいぶ	assai	アッサイ
大部分	la maggior parte	ラ マッジョール パルテ
大変（非常に）	molto	モルト
<大変な仕事>	lavoro faticoso	ラヴォーロ ファティコーゾ
大便	feci (複)	フェーチ
代名詞	pronome	プロノーメ
タイヤ	pneumatico	プネウマティコ
ダイヤモンド	diamante	ディアマンテ
太陽	sole	ソーレ
代理	agente	アジェンテ
<彼の代理で>	come suo agente	コメ スオ アジェンテ
（代理店）	agenzia	アジェンツィーア
大理石	marmo	マルモ
耐える	soffrire	ソッフリーレ
タオル	asciugamano	アッシュガマーノ
高い（高さが）	alto/ta	アルト/タ
（価格が）	caro/ra	カーロ/ラ
だから（それゆえに）	perciò	ペルチョー
宝くじ	lotteria	ロッテリーア
滝	cascata	カスカータ
炊く	bollire	ボッリーレ
<ご飯を炊く>	bollire il riso	ボッリーレ イル リーゾ
抱く	abbracciare	アッブラッチャーレ
（抱き合う）	abbracciarsi	アッブラッチャルスィ
たくさん	tanto/ta	タント/タ
タクシー	taxi	タクスィ（(複) 同形）
竹	bambù	バンブー（(複) 同形）
〜だけ	solo	ソロ
確かに	sicuramente	スィクラメンテ
足す	addizionare	アッディツィオナーレ
助け合う	aiutarsi	アイウタルスィ
助ける	aiutare	アイウターレ
訪ねる	visitare	ヴィズィターレ
尋ねる	domandare	ドマンダーレ
闘う	lottare	ロッターレ
叩く	battere	バッテレ
正しい	giusto/ta	ジュスト/タ
直ちに	immediatamente	インメディアタメンテ
たたむ	ripiegare	リピエガーレ
<服をたたむ>	ripiegare il vestito	リピエガーレ イル ヴェスティート
立ち上がる	alzarsi	アルツァルスィ
立っている	stare in piedi	スターレ イン ピエーディ
断つ	tagliare	タッリアーレ
建物	edificio	エディフィーチョ
建てる	costruire	コストゥルイーレ
例えば	per esempio	ペレゼンピオ
棚	scaffale	スカッファーレ
他人	gli altri (複)	リ アルトリ
種	seme	セーメ
（果物の）	nocciolo	ノッチョーロ
他の	altro/ra	アルトロ/ラ
楽しい（人が）	felice	フェリーチェ
（事が）	divertente	ディヴェルテンテ
頼む	chiedere	キエーデレ
たばこ	tabacco	タバッコ
<たばこを吸う>	fumare	フマーレ
旅	viaggio	ヴィアッジョ
たびたび	spesso	スペッソ
ダブルベッド	letto matrimoniale	レット マトリモニアーレ
多分	forse	フォルセ
食べ物	cibo	チーボ

食べる	mangiare マンジャーレ
卵	uovo ウオーヴォ
	uova (複) ウオーヴァ
玉子焼き	frittata フリッタータ
だます	ingannare インガンナーレ
玉ねぎ	cipolla チポッラ
駄目だ	non va bene ノン ヴァ ベーネ
保つ	tenere テネーレ
＜温度を保つ＞	mantenere la temperatura マンテネーレ ラ テンペラトゥーラ
足りない	mancare マンカーレ
＜お釣りが足りない＞	manca del resto マンカ デル レスト
誰	chi キ
短気な	collerico/ca コッレリコ/カ
単語	parola パローラ
誕生日	compleanno コンプレアンノ
ダンス／ダンスをする	ballo バッロ／ballare バッラーレ
男性	uomo ウオーモ
	uomini (複) ウオーミニ／maschio マスキオ
旦那	signore スィニョーレ
タンパク質	proteina プロテイナ
暖房	riscaldamento リスカルダメント
タンポン	assorbente interno アッソルベンテ インテルノ

ち

血	sangue サングエ
小さい	piccolo/la ピッコロ/ラ
チーズ	formaggio フォルマッジョ
近い	vicino/na ヴィチーノ/ナ
近いうちに	fra poco フラ ポーコ
違う（異なる）	diverso/sa ディヴェルソ/サ
（間違った）	sbagliato/ta ズバリアート/タ
近頃	recentemente レチェンテメンテ
地下鉄	metropolitana メトロポリターナ
地下道	sottopassaggio ソットパッサッジョ
近道	strada breve ストラーダ ブレーヴェ
力	forza フォルツァ
地球	Terra テルラ
遅刻する	arrivare tardi アルリヴァーレ タルディ
知識	conoscenza コノシェンツァ
地図	carta カルタ
父	padre パードレ
縮む	restringersi レストリンジェルスィ
地中海	Mare Mediterraneo マーレ メディテルラーネオ
秩序	ordine オルディネ
チップ	mancia マンチャ
地方	campagna カンパーニャ
茶	tè テ（（複）同形）
茶色	marrone マルローネ
茶碗	ciotola チョートラ
チャンネル	canale カナーレ
注意する	stare attento/ta スターレ アッテント/タ
中央	centro チェントロ
中央の	centrale チェントラーレ

日本語	イタリア語	カナ
中学校	scuola media	スクオーラ メディア
中華料理	cucina cinese	クチーナ チネーゼ
中国	Cina	チーナ
中国人	cinese	チネーゼ
中国語	cinese	チネーゼ
中止する	smettere	ズメッテレ
駐車する	parcheggiare	パルケッジャーレ
駐車場	parcheggio	パルケッジョ
注射／注射する	iniezione ／ iniettare	イニエツィオーネ／イニエッターレ
中旬	la seconda decade del mese	ラ セコンダ デカデ デル メーゼ
昼食	pranzo	プランツォ
中心	centro	チェントロ
虫垂炎	tiflite	ティフリーテ
注目／注目する	attenzione ／ stare attento/ta	アッテンツィオーネ／スターレ アッテント/タ
注文／注文する	ordinazione ／ ordinare	オルディナツィオーネ／オルディナーレ
蝶	farfalla	ファルファッラ
腸	intestino	インテスティーノ
長距離	lunga distanza	ルンガ ディスタンツァ
彫刻	scultura	スクルトゥーラ
頂上	cima	チーマ
朝食	colazione	コラツィオーネ
ちょうどいい（ぴったり）	giusto/ta	ジュスト/タ
直接	direttamente	ディレッタメンテ
直線	linea retta	リネア レッタ
貯蓄	risparmio	リスパルミオ
ちょっとの間	momento	モメント
＜ちょっと待って＞	Un momento!	ウン モメント
地理	geografia	ジェオグラフィーア
賃貸・借／賃貸・借する	affitto ／ affittare	アッフィット／アッフィッターレ
賃金	stipendio	スティペンディオ

つ

ツアー	viaggio organizzato	ヴィアッジョ オルガニッザート
ついに	finalmente	フィナルメンテ
通学する	frequentare la scuola	フレクエンターレ ラ スクオーラ
通勤する	andare al lavoro	アンダーレ アル ラヴォーロ
通常	di solito	ディ ソリト
通信／通信する	comunicazione ／ comunicare	コムニカツィオーネ／コムニカーレ
通信衛星	satellite di telecomunicazione	サテッリテ ディ テレコムニカツィオーネ
通訳／通訳する	interprete ／ fare da interprete	インテルプレテ／ファーレ ダ インテルプレテ
使う	usare	ウザーレ
捕まえる	prendere	プレンデレ
つかむ	afferrare	アッフェルラーレ
疲れる	stancarsi	スタンカルスィ
月（天体）	luna	ルーナ
（日付）	mese	メーゼ
〜については	per 〜	ペル

次の	prossimo/ma プロッスィモ/マ
尽きる	finire フィニーレ
着く	arrivare アルリヴァーレ
机	banco バンコ
つくる	fare ファーレ
漬物（塩漬けの）	salato サラート
（酢漬けの）	sottaceto ソッタチェート
（マリネの）	marinato マリナート
告げる	annunciare アンヌンチャーレ
都合がよい	essere conveniente エッセレ コンヴェニエンテ
土	terra テルラ
続く／続ける	proseguire プロセグイーレ
包む	avvolgere アッヴォルジェレ
努める	fare uno sforzo ファーレ ウノ スフォルツォ
綱	corda コルダ
つなぐ	legare レガーレ
つねる	pizzicare ピッツィカーレ
唾（つば）	saliva サリーヴァ
つぶれる／つぶす	schiacciarsi スキアッチャルスィ ／ schiacciare スキアッチャーレ

＜箱がつぶれた＞
la scatola si è schiacciata
ラ スカートラ スィ エ スキアッチャータ

＜会社がつぶれる＞ fallire una ditta
ファッリーレ ウナ ディッタ

蕾（つぼみ）	bocciolo ボッチョーロ
妻	moglie モッリエ
つまづく	incespicare インチェスピカーレ
つまむ	pizzicare ピッツィカーレ
爪楊枝	stuzzicadenti （(複)同形） ストゥッツィカデンティ
つまらない	noioso/sa ノイオーゾ/ザ

詰まる	intasarsi インタサルスィ
罪	peccato ペッカート
爪	unghia ウンギア

＜爪を切る＞ tagliarsi le unghie
タリアルスィ レ ウンギエ

爪切り	tronchesina トロンケズィーナ
冷たい	freddo/da フレッド/ダ
強い	forte フォルテ
つらい	duro/ra ドゥーロ/ラ
釣り銭	resto レスト
連れて行く	portare ポルターレ

て

手	mano マーノ ((複) mani)

＜手をあげる＞ alzare la mano
アルツァーレ ラ マーノ

＜手に持つ＞ tenere in mano
テネーレ イン マーノ

出会う	incontrare インコントラーレ
～である	essere エッセレ
提案／提案する	proposta プロポスタ ／ proporre プロポルレ
庭園	giardino ジャルディーノ
データ	data (複) ダータ
デート	appuntamento アップンタメント
テーブル	tavolo ターヴォロ
（食事の）	tavola ターヴォラ
Ｔシャツ	maglietta マリエッタ
テープレコーダー	registratore レジストラトーレ
定期券	tessera テッセラ
抵抗／抵抗する	resistenza レズィステンツァ ／ resistere レズィステレ
定食	pranzo a prezzo fisso

　　　　　　　プランツォ ア プレッツォ フィッソ
停車／停車する
　　　　　fermata フェルマータ
　　　　　／fermarsi フェルマルスィ
提出する rassegnare ラッセニャーレ
程度　　grado グラード
丁寧な　cortese コルテーゼ
手紙　　lettera レッテラ
　＜手紙を出す＞ spedire una lettera
　　　　　スペディーレ ウナ レッテラ
敵　　　nemico/ca ネーミコ/カ
適当な　giusto/ta ジュスト/タ
〜できる（能力がある）sapere サペーレ
　（状況が許す）potere ポテーレ
　＜サッカーができる＞
　　　　　sapere giocare al calcio
　　　　　サペーレ ジョカーレ アル カルチョ
出口　　uscita ウシータ
デザート dolce ドルチェ
デザイン／デザインする
　　　　　disegno ディゼーニョ
　　　　　／disegnare ディゼニャーレ
手数料　commissione
　　　　　コンミッスィオーネ
鉄　　　ferro フェルロ
手付金　anticipazione
　　　　　アンティチパツィオーネ
手伝う　aiutare アイウターレ
鉄道　　ferrovia フェルロヴィーア
出て行く（戻って来ない）
　　　　　andare via アンダーレ ヴィーア
　（外に出る）uscire ウシーレ
テニス　tennis テニス
デパート grande magazzino
　　　　　グランデ マガッズィーノ
手放す　lasciare ラシャーレ

出迎えに行く andare a prendere
　　　　　アンダーレ ア プレンデレ
デモ　　dimostrazione
　　　　　ディモストラツィオーネ
でも　　però ペロー
寺　　　tempio buddista
　　　　　テンピオ ブッディスタ
テレビ　televisione
　　　　　テレヴィズィオーネ
出る　　uscire ウシーレ
点　　　punto プント
　（100点）cento punti
　　　　　チェント プンティ
　（その点では）su questo punto
　　　　　ス クエスト プント
店員　　commesso/sa コンメッソ/サ
天気　　tempo テンポ
電気の　elettrico/ca エレットリコ/カ
　（電気洗濯機）lavatrice
　　　　　ラヴァトリーチェ
　（電気代）costo dell'elettricità
　　　　　コスト デッレットリチタ
伝記　　biografia ビオグラフィーア
電球　　lampadina ランパディーナ
天国　　paradiso パラディーゾ
伝言　　messaggio メッサッジョ
電子　　elettrone エレットローネ
電車　　treno トレーノ
店主　　padrone/na パドローネ/ナ
天井　　soffitto ソッフィット
点数　　punto プント
電子レンジ forno a microonde
　　　　　フォルノ ア ミクロオンデ
伝染病　malattia infettiva
　　　　　マラッティーア インフェッティーヴァ
電池　　batteria バッテリーア

242

伝統	tradizione トラディツィオーネ
天皇陛下	imperatore インペラトーレ
伝票（勘定書）	conto コント
（明細）	distinta ディスティンタ
（送り状）	fattura ファットゥーラ
でんぷん	amido アミド
電報	telegramma テレグランマ ((複) telegrammi)
電話	telefono テレーフォノ

　＜電話をする＞ telefonare テレフォナーレ
　＜電話が切れる＞ cadere la linea カデーレ ラ リネア

電話番号　numero di telefono ヌーメロ ディ テレーフォノ

と

～と	e エ
戸	porta ポルタ
度	grado グラード
20度	venti gradi ヴェンティ グラーディ
一度に	in una volta イヌナ ヴォルタ
ドア	porta ポルタ
問い合わせる	chiedere キエーデレ
ドイツ	Germania ジェルマーニア
ドイツ語	tedesco テデスコ
ドイツ人	tedesco/ca テデスコ/カ
トイレ	bagno バーニョ
党	partito パルティート
同意する	accordarsi アッコルダルスィ
どういたしまして	prego プレーゴ
同一の	identico/ca イデンティコ/カ
唐辛子	peperoncino ペペロンチーノ
登記／登記する	registrazione レジストラツィオーネ
／registrare	レジストラーレ
動悸	battito バッティート
道具	strumento ストゥルメント
統計	statistica スタティスティカ
同行する	accompagnare アッコンパニャーレ
投資／投資する	investimento インヴェスティメント
／investire	インヴェスティーレ
どうしたの	che è successo ケ エ スッチェッソ
どうして（なぜ）	perché ペルケ
（どうやって）	come コメ
同時に	al tempo stesso アル テンポ ステッソ
同情する	avere pietà アヴェーレ ピエタ
当然	naturalmente ナトゥラルメンテ
どうぞ	pure プーレ
＜どうぞよろしく＞	piacere ピアチェーレ
到着／到着する	arrivo アルリーヴォ
／arrivare	アルリヴァーレ
どうですか	come va コメ ヴァ
東南アジア	Sud-est asiatico スデスト アズィアーティコ
豆腐	tofu トーフ
動物	animale アニマーレ
動物園	zoo ゾー ((複) 同形)
東北部	il nord-est イル ノルデスト
とうもろこし	mais マイス ((複) 同形)
同様の	uguale ウグワーレ
遠い	lontano/na ロンターノ/ナ
通す	passare パッサーレ
トースト	pane tostato パーネ トスタート

243

日本語	イタリア語	カナ
盗難	furto	フルト
通り	via	ヴィーア
通り過ぎる	passare	パッサーレ
とかげ	lucertola	ルチェルトラ
溶かす／溶ける	sciogliere ／ sciogliersi	ショッリエレ／ショッリエルスィ
尖った	appuntito/ta	アップンティート/タ
時（時間）	tempo	テンポ
時々	ogni tanto	オンニ タント
毒	veleno	ヴェレーノ
独身の（男性が）	celibe	チェーリベ
（女性が）	nubile	ヌービレ
特に	particolarmente	パルティコラルメンテ
特別な	particolare	パルティコラーレ
とげ	spina	スピーナ
時計	orologio	オロロージョ
どこ	dove	ドーヴェ
床屋	barbiere/ra	バルビエーレ/ラ
所	posto	ポスト
登山	alpinismo	アルピニズモ
都市	città	チッタ （(複) 同形）
年	anno	アンノ
年とった	anziano/na	アンツィアーノ/ナ
図書館	biblioteca	ビブリオテーカ
閉じる	chiudere	キウーデレ
土地	terreno	テルレーノ
途中で	per via	ペル ヴィーア
どちら	quale	クワレ
＜どちらでもいい＞	è uguale	エ ウグワーレ
特価	prezzo di saldi	プレッツォ ディ サルディ
届ける	consegnare	コンセニャーレ
どなた	chi	キ
どのくらい	quanto	クワント
どのように	come	コメ
飛ぶ	volare	ヴォラーレ
トマト	pomodoro	ポモドーロ
泊まる	alloggiarsi	アッロッジャルスィ
止まる／止める	fermarsi ／ fermare	フェルマルスィ／フェルマーレ
ともかく	comunque	コムンクエ
友達	amico/ca	アミーコ/カ
共に	insieme	インスィエーメ
（〜と）	con ~	コン
土曜日	sabato	サバト
とら	tigre	ティグレ
ドライクリーニング	lavatura a secco	ラヴァトゥーラ ア セッコ
ドライバー（運転手）	autista	アウティスタ
	autisti (複)	アウティスティ
	autiste (複)	アウティステ
（ネジ回し）	cacciavite ((複) 同形)	カッチャヴィーテ
ドライブ	passeggiata	パッセッジャータ
トラブル	guaio	グワイオ
＜トラブルにあう＞	essere nei guai	エッセレ ネイ グワイ
トラベラーズチェック	assegno turistico	アッセーニョ トゥリスティコ
トランプ	carte (複)	カルテ
鳥	uccello	ウッチェッロ
鶏肉	pollo	ポッロ
取り消す	cancellare	カンチェッラーレ
取り締まる	controllare	コントロッラーレ
取り除く	togliere	トッリエレ

努力する	fare uno sforzo ファーレ ウノ スフォルツォ
取る	prendere プレンデレ
＜ボールを取る＞	acchiappare la palla アッキアッパーレ ラ パッラ
撮る	fotografare フォトグラファーレ
＜写真を撮る＞	fare una foto ファーレ ウナ フォト
ドル	dollaro ドッラロ
どれ	quale クワレ
ドレッシング	dressing ドレッスィン
泥棒	ladro ラードロ
どんな	come コメ
トンネル	tunnel トゥンネル（(複)同形）
どんぶり	scodella スコデッラ
とんぼ	libellula リベッルラ

な

無い	non c'è ノン チェ
内科	medicina interna メディチーナ インテルナ
内線	interno インテルノ
内閣	Consiglio dei Ministri コンスィッリオ デイ ミニストリ
ナイフ	coltello コルテッロ
内部	interno インテルノ
内容	contenuto コンテヌート
ナイロン	nylon ナイロン（(複)同形）
直す（修理する）	riparare リパラーレ
（訂正する）	correggere コルレッジェレ
治す（治療する）	curare クラーレ
＜歯を治す＞	curare un dente クラーレ ウン デンテ
長い	lungo/ga ルンゴ/ガ
長靴	stivali (複) スティーヴァリ
長袖	maniche lunghe （複） マニケ ルンゲ
仲間	compagno コンパーニョ
眺める	vedere ヴェデーレ
流れる	correre コルレレ
鳴き声	voce ヴォーチェ
犬が鳴く	guaire グアイーレ
ネコが鳴く	miagolare ミアゴラーレ
牛が鳴く	muggire ムッジーレ
小鳥が鳴く	cantare カンターレ
泣く	piangere ピアンジェレ
なくす	perdere ペルデレ
＜財布をなくす＞	perdere il portafoglio ペルデレ イル ポルタフォッリオ
なくなる（消える）	scomparire スコンパリーレ
（尽きる）	esaurirsi エザウリルスィ
なぜ	perché ペルケ
なぜなら	perché ペルケ
夏	estate エスターテ
夏休み	ferie (複) estive フェーリエ エスティーヴェ
懐かしい	avere nostalgia アヴェーレ ノスタルジーア
〜など	eccetera エッチェーテラ
七	sette セッテ
何	che ケ
＜これは何ですか＞	Che cosa è questo? ケ コザ エ クエスト
＜何時ですか＞	Che ore sono? ケ オレ ソーノ
ナプキン（テーブル用）	tovagliolo トヴァリオーロ
（生理用）	assorbente igienico アッソルベンテ イジエニコ

245

鍋	pentola ペントラ
名前	nome ノーメ
怠け者	pigro/ra ピグロ/ラ
怠ける	essere pigro/ra エッセレ ピグロ/ラ
生の	crudo/da クルード/ダ
生ハム	prosciutto crudo プロシュット クルード
波	onda オンダ
並木道	viale ヴィアーレ
涙	lacrima ラクリマ
舐(な)める	leccare レッカーレ
悩む	imbarazzarsi インバラッツァルスィ
習う	imparare インパラーレ
並べる	ordinare オルディナーレ
縄	corda コルダ
(〜に)なる	diventare ディヴェンターレ
ナンバー	numero ヌーメロ
南部	sud スッド

に

二	due ドゥエ
似合う	stare bene スターレ ベーネ
匂う	sentire センティーレ
苦い	amaro/ra アマーロ/ラ
二月	febbraio フェッブライオ
握る	stringere ストリンジェレ
＜手を握る＞	stringere la mano ストリンジェレ ラ マーノ
肉	carne カルネ
憎む	odiare オディアーレ
憎らしい	odioso/sa オディオーゾ/ザ
逃げる	scappare スカッパーレ
煮込み	stracotto ストラコット
西	ovest オヴェスト
偽物／偽の	falso/sa ファルソ/サ／falso/sa ファルソ/サ
日時	data ダータ
日常の	solito/ta ソリト/タ
日曜日	domenica ドメニカ
〜について	su ス
日記	diario ディアーリオ
日中	giorno ジョルノ
似ている	assomigliare アッソミリアーレ
＜彼は母親に似ている＞	assomiglia alla madre アッソミリア アッラ マードレ
日本	Giappone ジャッポーネ
日本語	giapponese ジャッポネーゼ
日本人	giapponese ジャッポネーゼ
日本料理	cucina giapponese クチーナ ジャッポネーゼ
荷物	bagaglio バガーリオ
入院する	stare in ospedale スターレ イノスペダーレ
入会(入学)する	iscriversi イスクリーヴェルスィ
入国管理局	Ufficio Immigrazione ウッフィーチョ インミグラツィオーネ
入場料	tariffa d'ingresso タリッファ ディングレッソ
ニュース	notizia ノティーツィア
(テレビの番組)	telegiornale テレジョルナーレ
尿	urina ウリーナ
煮る	cuocere クオーチェレ
庭(庭園)	giardino ジャルディーノ
(家庭の)	cortile コルティーレ
にわとり(おんどり)	gallo ガッロ
(めんどり)	gallina ガッリーナ
人形	bambola バンボラ

人間	uomo ◯ ウオーモ ((複) uomini)	値切る	chiedere uno sconto キエーデレ ウノ スコント
妊娠している	essere incinta エッセレ インチンタ	ネクタイ	cravatta ◯ クラヴァッタ
人参	carota ◯ カロータ	ネグリジェ	camicia ◯ da notte カミーチャ ダ ノッテ
にんにく	aglio ◯ アッリオ	猫	gatto ◯ ガット

ぬ

縫う	cucire クチーレ
ヌードの	nudo/da ヌード/ダ
脱ぐ	spogliarsi スポリアルスィ
盗む	rubare ルバーレ
布	tela ◯ テーラ
沼	stagno ◯ スターニョ
濡らす	bagnare バニャーレ
塗る	spalmare スパルマーレ
<薬を塗る>	spalmarsi di unguenti スパルマルスィ ディ ウングエンティ
ぬるい	poco caldo/da ポコ カルド/ダ
濡れる	bagnarsi バニャルスィ
<雨に濡れる>	bagnarsi per la pioggia バニャルスィ ペル ラ ピオッジャ

ね

根	radice ◯ ラディーチェ
値	prezzo ◯ プレッツォ
値上げする	alzare il prezzo アルツァーレ イル プレッツォ
願う	sperare スペラーレ
<~さんをお願いします。>	Signor/ra/rina ~, per favore. スィニョール/スィニョーラ/スィニョリーナ~ペル ファヴォーレ
<内線5をお願いします。>	L'interno cinque, per favore. リンテルノ チンクエ ペル ファヴォーレ
葱（ねぎ）	porro ◯ ポルロ

値下げする	abbassare il prezzo アッバッサーレ イル プレッツォ
ねずみ	topo ◯ トーポ
ねたむ	invidiare インヴィディアーレ
<私は彼女をねたんだ。>	L'ho invidiata. ロ インヴィディアータ
値段	prezzo ◯ プレッツォ
熱（病気の）	febbre ◯ フェッブレ
（熱さ）	caldo ◯ カルド
ネックレス	collana ◯ コッラーナ
ネットワーク	rete ◯ レーテ
値引きする	fare uno sconto ファーレ ウノ スコント
寝坊する	alzarsi tardi アルツァルスィ タルディ
眠い	avere sonno アヴェーレ ソンノ
眠る	dormire ドルミーレ
寝る	andare a letto アンダーレ ア レット
年	anno ◯ アンノ
年金	pensione ◯ ペンスィオーネ
年始	i primi giorni ◯(複) dell'anno イ プリーミ ジョルニ デッランノ
年末	la fine ◯ dell'anno ラ フィーネ デッランノ
年齢	età ◯ エタ ((複)同形)

の

ノイローゼ	nevrosi ◯ ((複)同形)

日本語	イタリア語	カタカナ
		ネヴローズィ
脳	cervello 🔵	チェルヴェッロ
ノート	quaderno 🔵	クワデルノ
農民	contadino 🔵	コンタディーノ
農業	agricoltura 🔵	アグリコルトゥーラ
納税する	pagare le tasse	パガーレ レ タッセ
能率	efficienza 🔵	エッフィチエンツァ
能力	abilità 🔵	アビリタ((複)同形)
除く	eliminare	エリミナーレ
後ほど	dopo	ドーポ
喉(のど)	gola 🔵	ゴーラ
<喉が痛い> avere mal di gola		アヴェーレ マル ディ ゴーラ
<喉が乾く> avere sete		アヴェーレ セーテ
伸ばす	allungare	アッルンガーレ
<写真を伸ばす>		
	ingrandire una foto	イングランディーレ ウナ フォト
延ばす	rimandare	リマンダーレ
野原	campo 🔵	カンポ
登る	salire	サリーレ
<山に登る> salire su un monte		サリーレ ス ウン モンテ
昇る	salire	サリーレ
<日が昇る> si leva il sole		スィ レーヴァ イル ソーレ
～のみ	solo	ソーロ
飲み水	acqua 🔵 potabile	アックワ ポタービレ
飲物	bevanda 🔵	ベヴァンダ
飲む	bere	ベーレ
海苔	alga 🔵 secca	アルガ セッカ
糊	colla 🔵	コッラ
乗り換える	cambiare	カンビアーレ
乗り物	mezzo 🔵 di trasporto	メッツォ ディ トラスポルト
乗る	prendere	プレンデレ
<車に乗る> salire in macchina		サリーレ イン マッキナ
のんびり	piano	ピアーノ

は

葉	foglia 🔵	フォッリア
歯	dente 🔵	デンテ
<歯が痛い> avere mal di denti		アヴェーレ マル ディ デンティ
歯ブラシ	spazzolino 🔵 da denti	スパッツォリーノ ダ デンティ
パーセント	per cento 🔵	ペル チェント
パーティー	festa 🔵	フェスタ
パーマ/パーマをかける		
	permanente 🔵	ペルマネンテ
	/ farsi la permanente	ファルスィ ラ ペルマネンテ
肺	polmone 🔵	ポルモーネ
灰	cenere 🔵	チェーネレ
～倍	volta 🔵	ヴォルタ
<AはBの3倍だ> A è tre volte B		A エ トレ ヴォルテ B
灰色	grigio 🔵	グリージョ
ハイウェー	autostrada 🔵	アウトストラーダ
排気ガス	gas 🔵 di scarico	ガス ディ スカリコ
ハイキング	passeggiata 🔵	パッセッジャータ
配偶者	coniuge 🔵 🔵	コニウジェ
灰皿	portacenere 🔵 ((複)同形)	ポルタチェーネレ

日本語	イタリア語	カタカナ
歯医者	dentista 🔵	デンティスタ
	dentisti 🔵(複)	デンティスティ
配達／配達する	consegna 🔵	コンセーニャ
	／consegnare	コンセニャーレ
パイナップル	ananas 🔵((複)同形)	アナナス
パイプ	pipa 🔵	ピーパ
俳優	attore/trice	アットーレ/トリーチェ
入る	entrare	エントラーレ
蠅（はえ）	mosca 🔵	モスカ
馬鹿	stupido/da	ストゥーピド/ダ
＜馬鹿にする＞	prendere in giro	プレンデレ イン ジーロ
葉書	cartolina 🔵	カルトリーナ
ばかり	appena	アッペーナ
＜今帰ったばかり＞	essere appena tornato/ta	エッセレ アッペーナ トルナート/タ
計る	misurare	ミズラーレ
＜寸法を計る＞	prendere la misura	プレンデレ ラ ミズーラ
はく	mettersi	メッテルスィ
＜靴下をはく＞	mettersi le calze	メッテルスィ レ カルツェ
吐く	vomitare	ヴォミターレ
掃く	scopare	スコパーレ
＜落葉を掃いた＞	avere spazzato le foglie cadute	アヴェーレ スパッツァート レ フォッリエ カドゥーテ
白菜	cavolo 🔵 cinese	カーヴォロ チネーゼ
爆発／爆発する	esplosione 🔵	エスプロズィオーネ
	／esplodere	エスプローデレ

日本語	イタリア語	カタカナ
博物館	museo 🔵	ムゼーオ
禿（は）げた	calvo/va	カルヴォ/ヴァ
バケツ	secchio 🔵	セッキオ
励ます	incoraggiare	インコラッジャーレ
箱	scatola 🔵	スカートラ
運ぶ	portare	ポルターレ
はさみ	forbici 🔵(複)	フォルビチ
挟む	schiacciare	スキアッチャーレ
＜手を挟む＞	essersi schiacciato/ta la mano	エッセルスィ スキアッチャート/タ ラ マノ
端（末端）	termine 🔵	テルミネ
（縁）	margine 🔵	マルジネ
橋	ponte 🔵	ポンテ
箸	bastoncini 🔵(複)	バストンチーニ
はしか	morbillo 🔵	モルビッロ
始まる／始める	cominciarsi	コミンチャルスィ
	／cominciare	コミンチャーレ
＜会議が始まる＞	la riunione comincia	ラ リウニオーネ コミンチャ
初めて	per la prima volta	ペル ラ プリーマ ヴォルタ
はじめまして	piacere	ピアチェーレ
場所	posto 🔵	ポスト
柱	colonna 🔵	コロンナ
走る	correre	コルレレ
蓮（はす）	loto 🔵	ロート
バス	autobus 🔵((複)同形)	アウトブス
バス停	fermata 🔵	フェルマータ
恥ずかしい	vergognarsi	ヴェルゴニャルスィ

249

日本語	イタリア語	カタカナ
バスタオル	asciugamano da bagno	アッシュガマーノ ダ バーニョ
パスポート	passaporto	パッサポルト
パスワード	password ((複)同形)	パスウォルド
パソコン	personal computer ((複)同形)	ペルソナル コンピューテル
旗	bandiera	バンディエーラ
バター	burro	ブルロ
畑	campo	カンポ
働く	lavorare	ラヴォラーレ
蜂	ape	アーペ
八	otto	オット
発音／発音する	pronuncia / pronunciare	プロヌンチャ／プロヌンチャーレ
はっきり	chiaramente	キアラメンテ
発見／発見する	scoperto / scoprire	スコペルト／スコプリーレ
発展／発展させる	sviluppo / sviluppare	ズヴィルッポ／ズヴィルッパーレ
発表／発表する	pubblicazione / pubblicare	プッブリカツィオーネ／プッブリカーレ
派手な	vistoso/sa	ヴィストーゾ／ザ
鼻	naso	ナーゾ
＜鼻血が出る＞	uscire il sangue dal naso	ウシーレ イル サングエ ダル ナーゾ
花	fiore	フィオーレ
話／話す	racconto / parlare	ラッコント／パルラーレ
＜話し合いがつく＞	accordarsi	アッコルダルスィ
＜話し中（電話）＞	occupata	オックパータ
＜日本語を話す＞	parlare giapponese	パルラーレ ジャッポネーゼ
バナナ	banana	バナーナ
離れる	staccarsi	スタッカルスィ
母	madre	マードレ
幅	larghezza	ラルゲッツァ
省く（省略する）	saltare	サルターレ
歯ブラシ	spazzolino da denti	スパッツォリーノ ダ デンティ
歯磨き粉	dentifricio	デンティフリーチョ
ハム	prosciutto cotto	プロシュット コット
速い	veloce	ヴェローチェ
早く	presto	プレスト
（通常より）	prima	プリーマ
林	boschetto	ボスケット
腹	ventre	ヴェントレ
払う（お金を）	pagare	パガーレ
（ほこりを）	spazzare	スパッツァーレ
貼りつける	attaccare	アッタッカーレ
春	primavera	プリマヴェーラ
腫(は)れる	gonfiarsi	ゴンフィアルスィ
パン	pane	パーネ
繁栄する	prosperare	プロスペラーレ
ハンカチ	fazzoletto	ファッツォレット
パンク	foratura	フォラトゥーラ
番組	programma ((複) programmi)	プログランマ
判決	giudizio	ジュディーツィオ
番号	numero	ヌーメロ
犯罪	crimine	クリーミネ
万歳	Evviva! / Urrà!	エッヴィーヴァ／ウルラー

日本語	イタリア語	カタカナ
ハンサムな	bello	ベッロ
晩ご飯	cena	チェーナ
半ズボン	calzoncini (複)	カルツォンチーニ
半袖	maniche corte (複)	マニケ コルテ
反対／反対する	opposizione ／ opporre	オッポズィツィオーネ／オッポルレ
反対側	l'altra parte	ラルトラ パルテ
パンツ	mutande (複)	ムタンデ
バンド（ベルト）	cintura	チントゥーラ
（楽団）	jazz-band ((複) jazz-bands)	ジャズバンド
ハンドバッグ	borsa	ボルサ
ハンバーガー	hamburger ((複)同形)	アンブルゲル
販売／販売する	vendita ／ vendere	ヴェンディタ／ヴェンデレ
パンフレット	opuscolo	オプスコロ
半分	mezzo	メッツォ
パン屋	forno	フォルノ

ひ

火	fuoco	フオーコ
ピーナッツ	arachide	アラキデ
ピーマン	peperone	ペペローネ
ビール	birra	ビルラ
比較／比較する	confronto ／ confrontare	コンフロント／コンフロンターレ
＜AとBを比較する＞	confrontare A con B	コンフロンターレ A コン B
東	est	エスト
光／光る	luce	ルーチェ
	／ essere lucente	エッセレ ルチェンテ
引換証	scontrino	スコントリーノ
引き出し	cassetta	カッセッタ
引き伸ばす	allungare	アッルンガーレ
＜写真を引き伸ばす＞	ingrandire una foto	イングランディーレ ウナ フォト
引く	tirare	ティラーレ
＜カーテンを引く＞	tirare le tendine	ティラーレ レ テンディーネ
弾く	suonare	スオナーレ
＜ピアノを弾く＞	suonare il pianoforte	スオナーレ イル ピアノフォルテ
低い（背が）	basso/sa	バッソ/サ
ひげ（あごひげ）	barba	バルバ
（口ひげ）	baffo	バッフォ
＜ひげを剃る＞	farsi la barba	ファルスィ ラ バルバ
飛行機	aeroplano	アエロプラーノ
飛行場	aeroporto	アエロポルト
ビザ	visto	ヴィスト
ピザ	pizza	ピッツァ
膝（ひざ）	ginocchio	ジノッキオ
久しぶりに	dopo molto tempo	ドーポ モルト テンポ
肘（ひじ）	gomito	ゴミト
ビジネス	affari (複)	アッファーリ
ビジネスマン（実業家）	uomo d'affari	ウオーモ ダッファーリ
美術	belle arti (複)	ベッレ アルティ
秘書	segretario/a	セグレターリオ/ア
微笑／微笑する	sorriso	ソルリーゾ

	／ sorridere ソルリーデレ
非常に	molto モルト
美人	bella ◘ ベッラ
左	sinistra ◘ スィニストラ
びっくりする	essere sorpreso/sa エッセレ ソルプレーゾ/ザ
日付	data ◘ ダータ
引っ越す	traslocare トラスロカーレ
羊	pecora ◘ ペコラ
ひっつく	attaccarsi アッタッカルスィ
必要な	necessario/a ネチェッサリオ/ア
否定する	negare ネガーレ
ビデオ（テープ）	videocassetta ◘ ヴィデオカッセッタ
（DVD）	DVD ◘ ディヴッディー
（デッキ）	videoregistratore ◘ ヴィデオレジストラトーレ
人	persona ◘ ペルソナ
等しい	uguale ウグワーレ
一つ（一人）	uno/na ウーノ/ナ
＜一人で行く＞	andare da solo/la アンダーレ ダ ソーロ/ラ
非難／非難する	accusa ◘ アックーザ ／ accusare アックザーレ
避妊／避妊する	pratica ◘ anticoncezionale プラティカ アンティコンチェツィオナーレ ／ praticare anticoncezionale プラティカーレ アンティコンチェツィオナーレ
ひねる	distorcere ディストルチェレ
＜手をひねって痛い。＞	Ho una distorsione al polso e mi fa male. オウナディストルスィオーネアルポルソエミファマーレ
皮膚	pelle ◘ ペッレ
暇	tempo ◘ テンポ
暇な	libero/ra リーベロ/ラ
秘密	segreto ◘ セグレート
紐（ひも）	corda ◘ コルダ
百	cento ◘ チェント
百万	milione ◘ ミリオーネ
表	tavola ◘ ターヴォラ
秒	secondo ◘ セコンド
病院	ospedale ◘ オスペダーレ
美容院	parrucchiere/ra パルルッキエーレ/ラ
病気	malattia ◘ マラッティーア
病人	malato/ta マラート/タ
評判（よい）	fama ◘ ファーマ
（悪い）	notorietà ◘ ノトリエタ
表面	superficie ◘ スペルフィーチエ
開く	aprire アプリーレ
ひりひり痛む	bruciare ブルチャーレ
昼（日中）	giorno ◘ ジョルノ
（正午）	mezzogiorno ◘ メッツォジョルノ
昼ご飯	pranzo ◘ プランツォ
昼休み	intervallo ◘ pranzo インテルヴァッロ プランツォ
ビル	palazzo ◘ パラッツォ
広い	grande グランデ
拾う	raccogliere ラッコリエレ
広げる	spiegare スピエガーレ
広さ	grandezza ◘ グランデッツァ
広場	piazza ◘ ピアッツァ
瓶（びん）	bottiglia ◘ ボッティーリア
品質	qualità ◘ クワリタ
便箋	carta ◘ da lettere カルタ ダ レッテレ
貧乏人	povero/ra ポーヴェロ/ラ

ふ

ファックス	fax ◘ ファックス（(複)同形）

部	dipartimento	ディパルティメント
技術部	dipartimento d'ingegneria	ディパルティメント ディンジェニェリーア
フィルム	pellicola	ペッリーコラ
風景	paesaggio	パエザッジョ
封筒	busta	ブスタ
夫婦	marito e moglie（複）	マリート エ モッリエ
プール	piscina	ピシーナ
増える	aumentare	アウメンターレ
フォーク	forchetta	フォルケッタ
深い	profondo/da	プロフォンド/ダ
布巾	panno per i piatti	パンノ ペル イ ピアッティ
拭く	asciugare	アッシュガーレ
吹く（風が）	tirare	ティラーレ
（楽器を）	suonare	スオナーレ
服	vestito	ヴェスティート
＜服を着る＞	vestirsi	ヴェスティルスィ
＜服を仕立てる＞	confezionare un'abito	コンフェツィオナーレ ウナビト
複雑な	complesso/sa	コンプレッソ/サ
福祉	benessere（（複）同形）	ベネッセレ
復習／復習する	ripasso／ripassare	リパッソ／リパッサーレ
袋	sacco	サッコ
不幸	infelicità	インフェリチタ
不十分だ	non bastare	ノン バスターレ
婦人	signora	スィニョーラ
不正な	ingiusto/ta	インジュスト/タ
防ぐ	riparare	リパラーレ
ふた	coperchio	コペルキオ
豚（豚肉）	maiale	マヤーレ
二つの	due	ドゥエ
ふち（帽子などの）	bordo	ボルド
部長	direttore/trice	ディレットーレ/トリーチェ
ぶつ（殴る）	battere	バッテレ
普通の（よくある）	comune	コムーネ
（正常な）	normale	ノルマーレ
復活祭	Pasqua	パスクワ
ぶつかる	sbattere	ズバッテレ
＜車にぶつかる＞	scontrarsi contro una macchina	スコントラルスィ コントロ ウナ マッキナ
仏教	buddismo	ブッディズモ
仏像	statua di Budda	スタートゥア ディ ブッダ
ぶどう（実）	uva	ウーヴァ
ぶどう酒	vino	ヴィーノ
太い	grosso/sa	グロッソ/サ
太った	grasso/sa	グラッソ/サ
太る	ingrassare	イングラッサーレ
布団	futon（（複）同形）	フトン
船	nave	ナーヴェ
部品	parte	パルテ
部分	parte	パルテ
不平／不平を言う	lamento／lamentarsi	ラメント／ラメンタルスィ
不便な（物が）	scomodo/da	スコモド/ダ
（場所が）	isolato/ta	イゾラート/タ
踏む	pestare	ペスターレ
増やす	aumentare	アウメンターレ
冬	inverno	インヴェルノ
フライ	fritto	フリット
フライト	volo	ヴォーロ
フライ返し	paletta	パレッタ
フライパン	padella	パデッラ

ブラインド	veneziana	ヴェネツィアーナ
ブラシ	spazzola	スパッツォラ
プラスチック	plastica	プラスティカ
フランス	Francia	フランチャ
フランス人	francese	フランチェーゼ
フランス語	francese	フランチェーゼ
ブランド	marca	マルカ
降る	cadere	カデーレ
＜雨が降る＞	piovere	ピオーヴェレ
古い	vecchio/a	ヴェッキオ/ア
震える	tremare	トレマーレ
ブレーキ	freno	フレーノ
＜ブレーキをかける＞	frenare	フレナーレ
ブレスレット	bracciale	ブラッチャーレ
プレゼント	regalo	レガーロ
触れる	toccare	トッカーレ
風呂	bagno	バーニョ
＜風呂に入る＞	fare il bagno	ファーレ イル バーニョ
ブローチ	spilla	スピッラ
プログラム	programma	プログランマ
	((複) programmi)	
フロント	ricezione	リチェツィオーネ
文化	cultura	クルトゥーラ
文学	letteratura	レッテラトゥーラ
文	frase	フラーゼ
文法	grammatica	グランマティカ
文房具	cancelleria	カンチェッレリーア
文房具屋	cartoleria	カルトレリーア

へ

平均	media	メディア
平均して	in media	イン メディア
平方メートル	metro quadrato	メトロ クワドラート
ベーコン	pancetta	パンチェッタ
ページ	pagina	パージナ
閉店する	chiudere	キウーデレ
平和	pace	パーチェ
下手な	cattivo/va	カッティーヴォ/ヴァ
別に／別の	altrimenti	アルトリメンティ
	/ altro/ra	アルトロ/ラ
蛇	serpente	セルペンテ
部屋	camera	カメラ
ベランダ	veranda	ヴェランダ
へり	bordo	ボルド
ベル	campanello	カンパネッロ
ベルト	cintura	チントゥーラ
ペン	penna	ペンナ
変化／変化する	cambio / cambiare	カンビオ／カンビアーレ
弁解する	scusare	スクザーレ
ペンキ／ペンキを塗る	vernice / verniciare	ヴェルニチェ／ヴェルニチャーレ
返却／返却する	resa / rendere	レーザ／レンデレ
勉強／勉強する	studio / studiare	ストゥーディオ／ストゥディアーレ
変更／変更する	cambio / cambiare	カンビオ／カンビアーレ
弁護士	avvocato	アッヴォカート
返事	risposta	リスポスタ
便所	gabinetto	ガビネット
弁当	colazione al sacco	

	コラツィオーネ アル サッコ
変な	strano/na ストラーノ/ナ
便秘する	soffrire di stitichezza ソッフリーレ ディ スティティケッツァ
便利な	utile ウーティレ

ほ

ボーイ	cameriere カメリエーレ
(私の) ボーイフレンド	il mio ragazzo イル ミオ ラガッツォ
貿易	commercio コンメルチョ
方角／方向	direzione ディレツィオーネ
ほうき	scopa スコーパ
方言	dialetto ディアレット
報告	rapporto ラッポルト
帽子	cappello カッペッロ
宝石	gemma ジェンマ
放送	radiodiffusione ラディオディッフズィオーネ
包丁	coltello da cucina コルテッロ ダ クチーナ
ボート	barca バルカ
方法	modo モード
ホームページ	homepage ホウムペイジ
訪問／訪問する	visita ヴィズィタ ／ visitare ヴィズィターレ
法律	legge レッジェ
ボーナス	premio プレミオ
ボール	palla パッラ
ボウル	insalatiera インサラティエーラ
ボールペン	biro ビーロ
他の	altro/ra アルトロ/ラ
補給／補給する	riempita リエンピータ ／ riempire リエンピーレ
ボクシング	pugilato プジラート
北部	il nord イル ノルド
ポケット	tasca タスカ
保険	assicurazione アッスィクラツィオーネ
ほこり	polvere ポルヴェレ
星	stella ステッラ
欲しい	desiderare デズィデラーレ
＜これが欲しい＞	desiderare questo デズィデラーレ クエスト
募集する	cercare チェルカーレ
保証金	deposito デポズィト
保証／保証する	assicurazione アッスィクラツィオーネ ／ assicurare アッスィクラーレ
干す	asciugare アッシュガーレ
＜洗濯物を干す＞	asciugare il bucato アッシュガーレ イル ブカート
ポスト	buca delle lettere ブーカ デッレ レッテレ
細い	sottile ソッティーレ
ボタン	bottone ボットーネ
ホテル	albergo アルベルゴ
歩道橋	cavalcavia ((複)同形) カヴァルカヴィーア
ほとんど	la maggior parte ラ マッジョール パルテ
骨	osso オッソ
	ossa (複) オッサ
微笑む	sorridere ソルリーデレ
(〜を) 褒める	dire bene di 〜 ディーレ ベーネ ディ
ボランティア	volontario/a ヴォロンターリオ/ア
掘る	scavare スカヴァーレ
本	libro リーブロ

本当の	vero/ra	ヴェーロ/ラ
本当に	veramente	ヴェラメンテ
本物の	vero/ra	ヴェーロ/ラ
本屋	libreria	リブレリーア
翻訳する	tradurre	トラドゥッレ

ま

マーガリン	margarina	マルガリーナ
マーク	segno	セーニョ

＜容疑者をマークする＞
seguire un sospetto
セグイーレ ウン ソスペット

マーケット	mercato	メルカート
まあまあ	così e così	コズィ エ コズィ
枚	foglio	フォッリオ
毎（朝／日／月／年）	ogni (mattina/giorno/mese/anno)	オンニ（マッティーナ/ジョルノ/メーゼ/アンノ）
マイクロバス	minibus	ミニブス
前金	deposito	デポズィト
前に	avanti	アヴァンティ
前もって	prima	プリーマ
前払いする	pagare anticipatamente	パガーレ アンティチパタメンテ
曲がった	curvo/va	クルヴォ/ヴァ
曲がる	curvarsi	クルヴァルスィ
巻く	avvolgere	アッヴォルジェレ
枕	cuscino	クシーノ
枕カバー	federa	フェーデラ
負ける	perdere	ペルデレ

＜試合に負ける＞ perdere una partita
ペルデレ ウナ パルティータ

曲げる	curvare	クルヴァーレ
孫	nipote	ニポーテ
混ざる	mescolarsi	メスコラルスィ
まずい（味・やり方が）	cattivo/va	カッティーヴォ/ヴァ
貧しい	povero/ra	ポーヴェロ/ラ
混ぜる	mescolare	メスコラーレ

＜卵と砂糖を混ぜる＞
mescolare l'uovo con lo zucchero
メスコラーレ ル オーヴォ コン ロ ズッケロ

また（もう一度）	un'altra volta	ウナルトラ ヴォルタ
まだ	ancora	アンコーラ
町／街	città	チッタ ((複)同形)
間違い	sbaglio	ズバッリオ
間違う／間違える	sbagliare	ズバリアーレ
待つ	aspettare	アスペッターレ
マッサージ	massaggio	マッサッジョ
まっすぐな	diritto/ta	ディリット/タ
まったく～ない	non ~ mai	ノン ～ マイ
マッチ	fiammifero	フィアンミーフェロ
祭	festa	フェスタ
～まで	fino a	フィーノ ア
～までに	prima di	プリーマ ディ

7時までに prima delle sette
プリーマ デッレ セッテ

窓	finestra	フィネストラ
窓口	sportello	スポルテッロ
まとめる	riunire	リウニーレ
まな板	tagliere	タッリエーレ
学ぶ	imparare	インパラーレ
間に合って	in tempo	イン テンポ
マニュアル	manuale	マヌアーレ
マネージャー	manager	マナジェル
真似る	imitare	イミターレ
魔法瓶	thermos	テルモス ((複)同形)

豆	legume レグーメ
間もなく	fra poco フラ ポーコ
守る（保護する）	proteggere プロテッジェレ
（遵守する）	osservare オッセルヴァーレ
真夜中	mezzanotte メッツァノッテ
丸（円）	cerchio チェルキオ
（球）	globo グローボ
丸い	rotondo/da ロトンド/ダ
まるで	come コメ
まれに	raramente ララメンテ
周りに	intorno イントルノ
回る	girare ジラーレ
万	diecimila ディエチミーラ
3万円	trentamila yen トレンタミーラ イェン
漫画	manga マンガ（（複）同形）
まんじゅう	panino dolce パニーノ ドルチェ
マンション	appartamento アッパルタメント
満足する	essere contento/ta エッセレ コンテント/タ
真ん中	centro チェントロ
万年筆	penna ペンナ

み

見える	vedere ヴェデーレ
見送る	salutare サルターレ
＜見送りに行く＞	andare a salutare アンダーレ ア サルターレ
磨く	lisciare リシアーレ
みかん	mandarino マンダリーノ
右	destra デストラ
右の	destro/ra デストロ/ラ
短い	corto/ta コルト/タ
ミス（間違い）	sbaglio ズバッリオ
（未婚女性）	signorina スィニョリーナ
水	acqua アックワ
水色	celeste チェレステ
湖	lago ラーゴ
水着	costume da bagno コストゥーメ ダ バーニョ
水虫	piede d'atleta ピエーデ ダトレータ
（〜の）水割り	〜con acqua コ ナックワ
店（商店）	negozio ネゴーツィオ
（飲食店）	locale ロカーレ
ミセス	signora スィニョーラ
見せる	mostrare モストラーレ
＜見せてください。＞	Mi mostri. ミ モストリ
味噌	pasta di soia パスタ ディ ソーヤ
道	strada ストラーダ
見つける	trovare トロヴァーレ
見つめる	guardare グワルダーレ
見積もる	preventivare プレヴェンティヴァーレ
見積書	preventivo プレヴェンティーヴォ
認める（許可する）	permettere ペルメッテレ
（認識する）	riconoscere リコノシェレ
緑（色）	verde ヴェルデ
港	porto ポルト
南	sud スド
みにくい	brutto/ta ブルット/タ
ミネラルウォーター	acqua minerale アックワ ミネラーレ

身分証明書（ID）	documento ドクメント
見本	campione カンピオーネ
見舞う	visitare ヴィズィターレ
耳	orecchio オレッキオ
土産物	souvenir スヴェニール ((複)同形)
都	capitale カピターレ
苗字	cognome コニョーメ
未来	futuro フトゥーロ
見る	vedere ヴェデーレ
ミルク	latte ラッテ
民衆	popolo ポポロ
民主主義	democrazia デモクラツィーア
民族	gente ジェンテ

む

無	niente ニエンテ
迎える	ricevere リチェーヴェレ
昔	passato パッサート
麦（小麦）	spiga スピーガ
むくみ	gonfio ゴンフィオ
虫（昆虫）	insetto インセット
（うじ虫）	verme ヴェルメ
蒸し暑い	fa caldo umido ファ カルド ウミド
虫歯	dente cariato デンテ カリアート
蒸す	vaporizzare ヴァポリッツァーレ
難しい	difficile ディッフィーチレ
息子	figlio フィッリオ
結ぶ	legare レガーレ
娘	figlia フィッリア
無駄な	vano/na ヴァーノ/ナ
夢中になる	essere affascinato/ta エッセレ アッファッシナート/タ

胸	petto ペット
紫（色）	viola ヴィオーラ ((複)同形)
無理な	impossibile インポッスィービレ
無料の	libero/ra リーベロ/ラ

め

目	occhio オッキオ
＜目が痛い＞	avere dolore agli occhi アヴェーレ ドローレ アッリ オッキ
姪	nipote ニポーテ
名刺	biglietto da visita ビリエット ダ ヴィズィタ
名所	monumento モヌメント
名物	specialità スペチャリタ ((複)同形)
名簿	elenco エレンコ
名誉	onore オノーレ
＜名誉を傷つける＞	offendere l'onore オッフェンデレ ロノーレ
命令／命令する	comando コマンド／ comandare コマンダーレ
メーカー	produttore プロドゥットーレ
メートル	metro メトロ
眼鏡	occhiali (複) オッキアーリ
目薬	collirio コッリーリオ
雌（めす）	femmina フェンミナ
珍しい	raro/ra ラーロ/ラ
目玉焼	uovo all'occhio di bue ウオーヴォ アッロッキオ ディ ブーエ
メダル	medaglia メダッリア
メニュー	menù メヌー ((複)同形)
メモ／メモする	promemoria プロメモリア ((複)同形)／ prendere memoria プレンデレ メモリア
めまい	vertigini (複)

		ヴェルティジニ
綿	cotone ⓐ	コトーネ
免許	licenza ⓑ	リチェンツァ
免税	esonero ⓐ dalle imposte	
		エゾーネロ ダッレ インポステ
面積	area ⓑ	アレア
面倒くさい	noioso/sa	ノイオーゾ/ザ
メンバー	membro ⓐ	メンブロ

も

~も　　anche アンケ
　＜私も行く＞anch'io vado
　　　　　　　　アンキオ ヴァード
もう　　già ジャー
　＜もう終わった＞già finito
　　　　　　　　ジャー フィニート
　＜もう一度＞ancora una volta
　　　　　　　アンコーラ ウナ ヴォルタ
儲ける　guadagnare グワダニャーレ
申し込む　iscriversi イスクリーヴェルスィ
もうすぐ　fra poco フラ ポーコ
毛布　　coperta ⓑ コペルタ
燃える　infiammarsi インフィアンマルスィ
モーター　motore ⓐ モトーレ
目的　　oggetto ⓐ オッジェット
木曜日　giovedì ⓐ ジョヴェディ ((複)同形)
もし~　se セ
文字　　lettera ⓑ レッテラ
もしもし　pronto プロント
持ち上げる　levare レヴァーレ
持ち主　padrone/na パドローネ/ナ
もちろん　certamente チェルタメンテ
持つ　　avere アヴェーレ
持ってくる　portare ポルターレ
もっと　di più ディ ピュー
元の　　originale オリジナーレ

求める　chiedere キエーデレ
戻る　　tornare トルナーレ
物語　　racconto ⓐ ラッコント
木綿　　cotone ⓐ コトーネ
桃　　　pesca ⓑ ペスカ
もらう　ricevere リチェーヴェレ
森　　　bosco ⓐ ボスコ
門　　　porta ⓑ ポルタ
問題　　problema ⓐ プロブレーマ
　　　　((複) problemi)
文部科学省
　Ministero ⓐ della Pubblica Istruzione
　ミニステーロ デッラ プッブリカ イストルツィオーネ

や

やあ！　Ciao! チャオ
やかましい　rumoroso/sa ルモローゾ/ザ
夜間の　notturno/na ノットゥルノ/ナ
やかん　bollitore ⓐ ボッリトーレ
山羊　　capra ⓑ カプラ
焼き魚　pesce ⓐ grigliato
　　　　ペッシェ グリリアート
野球　　baseball ⓐ ベズボル
焼く　　cuocere クオーチェレ
約　　　circa チルカ
薬剤師　farmacista ⓐⓑ ファルマチスタ
　　　　farmacisti ⓐ (複) ファルマチスティ
　　　　farmaciste ⓑ (複) ファルマチステ
役所　　ufficio ⓐ ウッフィーチョ
役職　　posto ⓐ ポスト
訳す　　tradurre トラドゥッレ
約束／約束する　promessa ⓑ プロメッサ
　　　　／ promettere プロメッテレ
役に立つ　servire セルヴィーレ
役人　　ufficiale ⓐⓑ
　　　　ウッフィチャーレ

火傷／火傷する	scottata スコッタータ／scottarsi スコッタルスィ
野菜	verdura ヴェルドゥーラ
易しい	facile ファーチレ
優しい	gentile ジェンティーレ
養う	alimentare アリメンターレ
安い	economico/ca エコノミコ/カ
休み	riposo リポーゾ
休み時間	ora di riposo オーラ ディ リポーゾ
休む	essere assente エッセレ アッセンテ
＜会社を休む＞	essere assente dal lavoro エッセレ アッセンテ ダル ラヴォーロ
やせた	magro/ra マグロ/ラ
やせる	demagrire デマグリーレ
家賃	affitto アッフィット
薬局	farmacia ファルマチーア
やっと	finalmente フィナルメンテ
雇い主	padrone/na パドローネ/ナ
雇う	impiegare インピエガーレ
家主	padrone/na di casa パドローネ/ナ ディ カーザ
屋根	tetto テット
山	montagna モンターニャ
止める	smettere ズメッテレ
辞める	abbandonare アッバンドナーレ
ややこしい	complesso/sa コンプレッソ/サ
やり直す	ricominciare リコミンチャーレ
柔らかい	morbido/da モルビド/ダ

ゆ

湯	acqua calda アックワ カルダ
有益な	utile ウーティレ
夕方	sera セーラ
夕食	cena チェーナ
郵便	posta ポスタ
郵便局	ufficio postale ウッフィーチョ ポスターレ
郵便切手	francobollo フランコボッロ
ゆうべ（昨夜）	ieri sera イエーリ セーラ
（イベント）	serata セラータ
有名な	famoso/sa ファモーゾ/ザ
ユーモア	umorismo ウモリズモ
床	pavimento パヴィメント
愉快な	umoristico/ca ウモリスティコ/カ
雪	neve ネーヴェ
～行き	per ペル
輸出	esportazione エスポルタツィオーネ
ゆっくり	lentamente レンタメンテ
ゆで卵	uovo bollito ウオーヴォ ボッリート
輸入	importazione インポルタツィオーネ
指	dito ディート
	dita（複）ディータ
指輪	anello アネッロ
夢	sogno ソーニョ
ゆるい	largo/ga ラルゴ/ガ
許す	permettere ペルメッテレ

よ

夜明け	alba アルバ
よい	buono/na ブオーノ/ナ
酔う	ubriacarsi ウブリアカルスィ
用意する	preparare プレパラーレ
容易な	facile ファーチレ
要求する	chiedere キエーデレ
用事	impegno インペーニョ
用心する	stare attento/ta

	スターレ アッテント/タ	四	quattro クワットロ
幼稚園	asilo アズィロ		
洋服	abito アビト		
ようやく	finalmente フィナルメンテ	ラーメン	pasta cinese パスタ チネーゼ
ヨーロッパ	Europa エウローパ	来	prossimo/ma プロッスィモ/マ
余暇	tempo libero テンポ リーベロ	<来月／年>	
預金／預金する	deposito デポズィト		il prossimo mese/anno
	/ depositare デポズィターレ		イル プロッスィモ メーゼ／アンノ
よく（しばしば）	spesso スペッソ	<来週>	la prossima settimana
翌日	il giorno dopo		ラ プロッスィマ セッティマーナ
	イル ジョルノ ドーポ	ライター	accendino
横の	orizzontale オリッゾンターレ		アッチェンディーノ
汚れる	sporcarsi スポルカルスィ	落第／落第する	caduta カドゥータ
～によって（理由）	per ペル		/ cadere カデーレ
（手段）	via ヴィーア	楽な（簡単な）	facile ファーチレ
酔っぱらい	ubriaco/ca ウブリアーコ/カ	（快適な）	comodo/da コモド/ダ
予定／予定する	programma プログランマ	落雷	folgorazione
	（(複) programmi)		フォルゴラツィオーネ
	/ programmare プログランマーレ	ラジオ	radio ラディオ （(複) 同形)
呼ぶ	chiamare キアマーレ	ラジカセ	radioregistratore
予防／予防する	preservazione		ラディオレジストラトーレ
	プレセルヴァッツィオーネ	ラッシュアワー	ora di punta
	/ preservare プレセルヴァーレ		オーラ ディ プンタ
読む	leggere レッジェレ	ラブレター	lettera d'amore
嫁	nuora ヌオーラ		レッテラ ダモーレ
予約／予約する	prenotazione	ランチ	pranzo プランツォ
	プレノタツィオーネ		
	/ prenotare プレノターレ		
夜	notte ノッテ	利益	profitto プロフィット
よろい戸	persiana ペルスィアーナ	理解する	capire カピーレ
喜ぶ	rallegrarsi ラッレグラルスィ	陸軍	esercito エゼルチト
よろしい	bene ベーネ	利口な	intelligente インテッリジェンテ
よろしく（～に）	mi saluti ミ サルーティ	離婚する	divorziare ディヴォルツィアーレ
（物事を）	mi raccomando	リコンファーム	
	ミ ラッコマンド		riconferma リコンフェルマ
弱い	debole デーボレ	リサイクル	riciclo リチクロ

利子	interesse ◘ インテレッセ
リストラ	ristrutturazione ◘ リストルットゥラツィオーネ
理想	ideale ◘ イデアーレ
リゾート地	stazione ◘ スタツィオーネ
率	tasso ◘ タッソ
リットル	litro ◘ リトロ
理髪店	barbieria ◘ バルビエリーア
理由	causa ◘ カウーザ
(〜に) 留学する	studiare in 〜 ストゥディアーレ イン
留学生	studente/ssa straniero/ra ストゥデンテ ストラニエーロ / ストゥデンテッサ ストラニエーラ
流行する	essere di moda エッセレ ディ モーダ
寮	dormitorio ◘ ドルミトーリオ
両替する	cambiare カンビアーレ
旅館	albergo ◘ in stile giapponese アルベルゴ イン スティーレ ジャッポネーゼ
料金	tariffa ◘ タリッファ
領事館	consolato ◘ コンソラート
領収証	ricevuta ◘ リチェヴゥータ
両親	genitori ◘(複) ジェニトーリ
料理	cucina ◘ クチーナ
旅行／旅行する	viaggio ◘ ヴィアッジョ ／ viaggiare ヴィアッジャーレ
履歴 (書)	curriculum ◘ クルリクルム
理論	teoria ◘ テオリーア
りんご	mela ◘ メーラ
臨時の	temporaneo/a テンポラーネオ/ア

る

ルームクーラー	condizionatore ◘ コンディツィオナトーレ
留守	assenza ◘ アッセンツァ
ルビー	rubino ◘ ルビーノ

れ

例	esempio ◘ エゼンピオ
零	zero ◘ ゼロ
礼儀正しい	gentile ジェンティーレ
冷静な	calmo/ma カルモ/マ
冷蔵庫	frigorifero ◘ フリゴリーフェロ
例文	esempio ◘ エゼンピオ
冷房	aria ◘ condizionata アリア コンディツィオナータ
レインコート	impermeabile ◘ インペルメアービレ
歴史	storia ◘ ストーリア
レストラン	ristorante ◘ リストランテ
レタス	lattuga ◘ ラットゥーガ
列車	treno ◘ トレーノ
レモン	limone ◘ リモーネ
レポート	rapporto ◘ ラッポルト
恋愛	amore ◘ アモーレ
練習／練習する	esercizio ◘ エゼルチーツィオ ／ esercitarsi エゼルチタルスィ
レンタカー	macchina ◘ da noleggio マッキナ ダ ノレッジョ
連絡／連絡する	comunicazione ◘ コムニカツィオーネ ／ comunicare コムニカーレ

ろ

廊下	corridoio ◘ コルリドーイオ

老人	anziano/na アンツィアーノ/ナ
ロータリー	piazzale ◘ ピアッツァーレ
労働	lavoro ◘ ラヴォーロ
労働者	lavoratore/trice ラヴォラトーレ/トリーチェ
労働組合	sindacato ◘ スィンダカート
六	sei ◘ セイ

録音（録画）／録音（録画）する　registrazione ◘ レジストラツィオーネ／registrare レジストラーレ

六月	giugno ◘ ジューニョ
路線バス	autobus ◘ di linea アウトブス ディ リネア
ロビー	hall ◘ オル（（複）同形）
論じる	discutere ディスクーテレ
論文	tesi ◘ テーズィ（（複）同形）

わ

ワイシャツ	camicia ◘ カミーチャ
賄賂	bustarella ◘ ブスタレッラ
ワイン	vino ◘ ヴィーノ
若い	giovane ジョーヴァネ
沸かす	bollire ボッリーレ
わがまま	egoismo ◘ エゴイズモ
わかる（理解する）	capire カピーレ
（認識する）	riconoscere リコノッシェレ
別れる	lasciare ラッシャーレ
わける	separare セパラーレ
わざわざ（親切にも）	gentilmente ジェンティルメンテ
（わざと）	con intenzione コニンテンツィオーネ
わずかな	poco/ca ポーコ/カ
わずらわしい	noioso/sa ノイオーソ/ザ
忘れる	dimenticare ディメンティカーレ
綿	cotone コトーネ
話題	discorso ◘ ディスコルソ
私	io イーオ
私たち	noi（複）ノイ
渡る	attraversare アットラヴェルサーレ

＜川を渡る＞ attraversare il fiume
アットラヴェルサーレ イル フィウメ

笑い／笑う	riso ◘ リーゾ／ridere リーデレ
割合	tasso ◘ タッソ
割る／割れる	rompere ロンペレ／rompersi ロンペルスィ

＜6割の2は？＞
Quanto fa sei diviso due?
クワント ファ セイ ディヴィーソ ドゥエ

悪い	cattivo/va カッティーヴォ/ヴァ
悪口	pettegolezzo ◘ ペッテゴレッツォ
湾	golfo ◘ ゴルフォ
ワンピース	abito ◘ intero アビト インテーロ

Language Research Associates 編

- 石垣玲子（東京外国語大学イタリア語学科卒業）
- Matteo Schenone（伊文校閲・吹込）
- Francesca Margiotta（吹込）
- 勝田直樹（ナレーター：日本語吹込）

スーパー・ビジュアル　すぐに使えるイタリア語会話（つか）（ごかいわ）

2003 年　9 月 1 日	初版発行
2016 年　10 月 15 日	第 10 刷発行
著者	: Language Research Associates 編 ⓒ （ランゲージ リサーチ アソシエイツ へん）
発行者	: 片岡　研
印刷所	: シナノ書籍印刷（株）
発行所	: (株) ユニコム　UNICOM Inc. TEL(03)5496-7650　FAX(03)5496-9680 〒153-0064 東京都目黒区下目黒 1-2-22-1004 http://www.unicom-lra.co.jp

■本文・CD等、許可なしに転載・複製することを禁じます。　　ISBN 978-4-89689-429-5